東京都葛飾区水元公園内のハルニレ

ハルニレ
ニレ科

クスノキやナラやタモと似た樹皮を持つ

大分県中津市本耶馬渓今行のバス停

埼玉県児玉郡美里町広木の枌木地区での標識

千葉県松戸市日暮の白髭神社の鳥居

千葉県松戸市日暮の白髭神社の大杉神社の社

静岡県静岡市葵区上足洗の白髭神社

杉山神社密集地
白髭神社密集地
上小杉
下小杉
六所神社密集地
関東・東海に残る杉

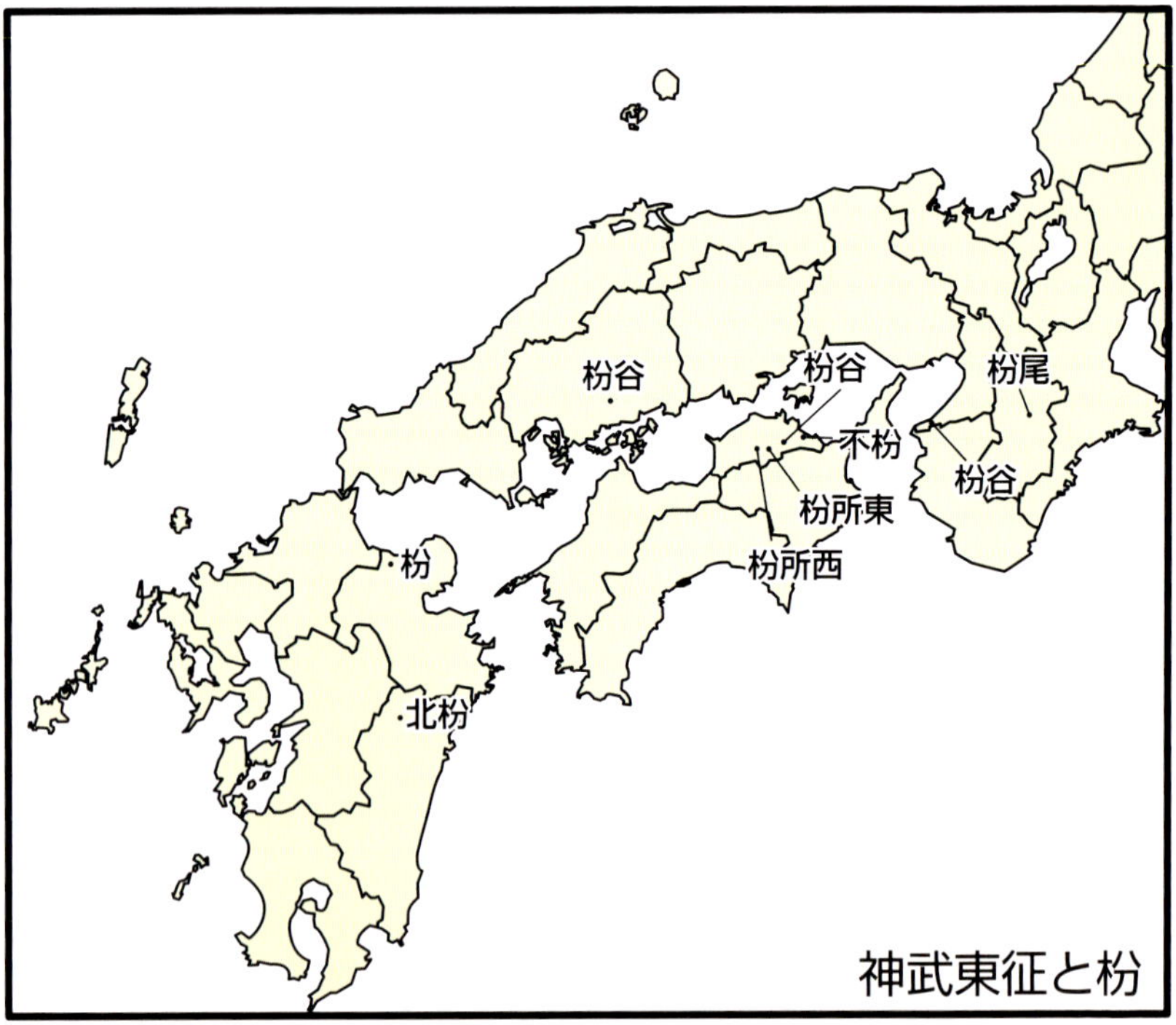

杉谷
杉谷
杉尾
不杉
杉谷
杉所東
杉所西
・杉
・北杉
神武東征と杉

スサノヲと
枌《ヘギ》の謎解き

Kawahara Hiroko
川原 裕子

社会評論社

はじめに

「粉」この漢字をほとんどの人は、見たことがないと思います。「粉」（こな）の文字の印刷ミスと理解されるのも無理のないことです。歴史文献においては「杉」とも混同されたのです。この「粉」とは私の旧姓で（へぎ）と訓みます。最近では「へぎそば」が新潟地方の特産品として、一般化しつつあり、また日本料理業界では、薄切り鯛のお造りを「鯛のへぎ造り」と言いますが、いずれの「へぎ」も漢字表記ではないのです。しかし、私の苗字の意味・由来とは関連性があります。

苗字というのは地名に由来するものが多く、父の出身地の近くである、大分県中津《なかつ》市本《ほん》耶馬渓《やばけい》町には「粉」地区が国土地理院地図に載っています。私にはすっかり過去の文字で何十年もの間、苗字の起源について考えることはなかったのですが、その発端は、現在居住地の隣の市にある地名を調べている過程で、情報地図帳・郷土誌・風土記・地名学・宗教学・遺跡考古学・植物学・植物方言学・中国古代史・中国詩経・詩経植物誌・漢字辞典・漢字語源辞典・歴史小説・古代史等と、研究が進むうちに、おもいがけず、固い地中から祖先の宝物を掘り起こしたような、驚くべき結果となったのです。

　全ての学問は、初めて学ぶことが大部分を占め、成り行きとはいえ、知ることの面白さ、楽しさは謎解きパズルに挑戦するが如くで、しかも地図は平面的に表示されてはいるものの、地名の特色を追って行くと、水辺、湿地、砂地、岩地、渓谷、緑地。森林、人工的開発地帯がまさに、空中遊泳さながら見えてきます。歴史を調べれば百年、千年の永い時間もタイムスリップ状態で身近に人々の生活が甦ります。

　地図を見るのが、何よりの趣味で、水戸の国土地理院へ、ある天気の良い日にふらりと出掛けたのが、今思い返せばこの研究行動の第一段階であったのかもしれません。その後、二、三カ月を経て地名調べに始まり、偶然が幾重にも相まって、探究心が刺激されたのです。関連のある事柄にも深く注目すれば、更に新しい発見に出会う可能性もあるはずですが、今回は残念ながら、やむをえず省いた項目もあります。

　旅行先で強い印象を受けた、土地の風習に心を奪われ脳裏に焼き付けられたのは何故だったのでしょう。無宗教で凡人の、神社に詳しい知識を持ち合わせていない私が、過去に訪ねていた神社は、大国魂《おおくにたま》神社・八坂《やさか》神社・出雲《いづも》大社・宇佐八幡《うさはちまん》宮・御嶽《みたけ》神社・鶴岡《つるがおか》八幡《まらまん》宮・地元の氷川《ひかわ》神社・熊野《くまの》神社・白髭《しらひげ》神社でした。調べることが必然だったのでしょうか。

結果的に、中国の高祖《こうそ》の時代まで調べることになったのですが、到達するまでの過程が、実に不思議の連続で、地名研究から個人の苗字の歴史に至り、そして史実をゆるがすやもしれない発見は、この過程をも記録する必要性があると感じられ、本文として残すことに致しました。古い文献の表現や、専門書の、古い言葉使いや用語に理解力不足、時間不足で困難を有し、苦しむことが多々ありましたが、「伝承されてきている」という事実が重要で、その部分を分かりやすい言葉で説明するよう努力をしました。まさにクロスワードパズルの穴埋め作業と同様でした。第一章から第六章までは、最終章の「新説」の為の参考文で、エッセイ的、歴史文献論文風として、御理解して頂きたいと思います。

目次

第三章　歴史書に埋もれた「枌」を掘り起こす

第六章 「枌」の正体

第七章 新説

第一章　地名と歴史と神々と

(一)　私をひきつけた地名という歴史の埋蔵物

私の住む松戸市や、周辺には変わった地名が多い。そのため、地元の郷土史、歴史書や地図を開く機会がしばしばある。そして隣の柏市内で、数回タクシーを利用する機会があり、その都度に歴史を熱く語る運転手さんから「ここ柏は、中世期に伊勢神宮の御領地で、御厨《みくりや》の地であった。明治期に入ると江戸の各藩の武士が農業に転職し開墾した地となり、第二次世界大戦期には、陸軍飛行場、軍事工場の地であって、さらに深い苦労の過去もあり、今でも地元の方々には大切に言い伝えられている。」との説明を受けたのである。そして、下総に関する書籍の地名についての記事が、ふと目に入った。それは「向原と書く名のバス停が多くあるが、その近辺に地名が見当たらないのはなぜか?」という質問に答える項が数例載っていたが、一般的な解答で他にも理由がありそうで気になった。確かに難しい漢字でも珍しい漢字でもないのだけれど、友人達とも読み方について「ムクハラ」「ムコハラ」「ムコウハラ」と議論を交わしたことがあった地名である。千葉県のみならず、東京都、神奈川県、埼玉県、茨城県を調べてみると、バス停のみの表記（近辺の地名として無い）公園名、遺跡名、大型団地名、学校名、駅名として表記され、周辺には国府跡や神社が多いことに気付かされる。日本最古の寺といわれた、奈良県飛鳥の川原寺の西北に対面して向原寺があるが「ムクハラデラ」「コウゲンジ」とも読まれる。

この向原地名は方位を示す名である。立石泰三氏の説によると『昔の方位として未申・丑寅・辰巳方向の三方には「社《やしろ》」があった』という。基となる中心地に向原があり、他に向台、中台という地名で表記されている地もあった。千葉県白井市の郷土資料の『白井の地名』には、『ムカイ音の地名はすべて「向」と表記され、必ず集落や谷津、そして社、寺に対面する土地を表わした。』と記され、私は向拝と「祓《はら》い」によっての儀式の複合語ではないかと考える。そして、尊い名であるが故に残されている地名であると思われる。

漢字の意味として

白川静氏の説で、向とは、「……向き合う。正面に相対することをいう。……向は「冂」

（けい）（窓の形）と口とに従う。口は「廿」（さい）で祝詞を収める器の形。窓は神明を迎え、これを祀るところであった。……古い時代に黄土層の住居は平面中央に縦坑を掘り、その四方に横穴を作る形式で、中央窓側のところから光をとる。その窓が神明を迎える場所とされた。……『北に出づる窓なり』とするが、もとは北に限らぬことであった。……」

原とは、「厂（崖）の泉（垂水）が流れおちる形・水源の意をあらわす、源の初文、平原の原とはもと異なる字である。……」

1　変わりゆく地名を探る

地名とは、いかなる理由でつけられてきたかと誰もが興味を持つのであるが、容易に解釈出来るものでない。それは何世紀にもわたる伝承期間に、数多くの人々が呼称した名で、絶えることなく持続して来たと考えられるのであるが、文字のなかった時代の生活から発生した、口伝えによる名は本来の意味が時間や訛りにより変化もあったと考えねばならない。そして律令国家の誕生によって、天皇中心の中央集権国家が築かれ、国民の記録が必要となる。国・郡・郷・里をもうけ、風土記の編纂で地名の改正や縁起の良い「好字」

「二文字制度」で、使用状況が効率一辺倒に定められてしまう。よって地名の由来や意味を表わす文字が正確に残されなかった。さらに中世に入ると、庄・郷・村の単位で新しい地名も登場してきた為、古代の地名は徐々に薄れ、記録があるからこその写し間違いや、誤読も多く出て、変化してきたことも事実である。そこで歴史的地名も、当て字的性格がある為、漢字のみを手掛かりに由来を探ると、的外れな推測となることもあるので、私は理解する方法として、周囲の特色ある地名をまとめて考慮する必要があると考える。

2　地名に鉱物の名をつけたのは誰か

地名の起源のなかには、今でも多く残り、知らずに通用している鉱物関係地名が、奈良県吉野、三重県伊勢・志摩・磯部、大分県中津・宇佐、埼玉県秩父の山間部等にも多く残る。

古来、鉱物資源を探査する技術師でもあったと思われる、「役小角《えんのおづぬ》」による修験道をもって、霊力、精神力、体力を鍛えた、多くの修験道者が日本各地の険しい山々をめぐることが出来たからであろう。

鉱物とは多くが、鉄、錫、銅で、その他に水銀、金等も関連地名としてあげられる。

鉄の材料として砂鉄は良く知られているが、この収集法に関わる地名として船沢、樋、たたらがあり、錫は、沼地の植物の根に付着する水酸化鉄が鉄バクテリアの作用で固い塊として出来る。その植物名の、葦《あし・よし》、薦《こも》、茅《ち・かや》が地名として残っている。

確かに戦において刀や戦具にも多くの鉄は必要であったし、農具にも欠かせない銅に勝る金属で、この堅牢なる金属の出現で文化は急速に進化した。奈良の大仏殿の建設に大量に鉄や金、水銀、銅が日本各地の鉱山から献上され、そして各地に鉱物由来の地名が生まれたのである。

ここで古代の水銀が、不老不死の霊薬、遺体保存の防腐剤、白粉《おしろい》に使用されていたという記録がある。

そして「この医薬としての処方文献を解読するが難解で肝腎なことは〝一子相伝〟として口伝えされたであろう。」という記述があり、当時より中国の王が不老不死の薬を求め、東国に送られた、鉱山技術師達は、中国から我が国に移住してきた集団と、私は推測をする。よって地名も中国風な読み方であったに違いないと考えるのである。

3　古代に新しく居住した人々がつけた鉱物資源地名

青《あお》 ↓ 緑青《ろくしょう》を孔雀石《くじゃくいし》ともいい、銅に生じるさび。つまり銅の酸化物の意。つまり銅の酸化物に由来。

赤《あか》↓ 丹生と同質で丹砂（水銀）産地。銅の酸化した、赤みを帯びた土に由来。

麻生《あそう》↓産鉄地帯の土壌に茂る植物に由来。

穴《あな》・穴師《あなし》↓鉱物採掘師・鉱脈探索師の穴磯部《あないそべ》に由来。

五十鈴《いすず》↓錫の意で、製鉄の原料に由来。

大平《おおひら》山↓大ダライと呼ばれていた。タタラ（火起こしの為、足で踏む送風機で鞴）に由来。

梶《かじ》↓鍛冶に由来

草《くさ》・種《くさ》↓砂鉄などの鉱種をクサということに由来。

薦《こも》↓コモは葦《あし・よし》・茅《ち・かや》と共にスズと称され、鈴・錫の意で製鉄の原料に由来。

佐井《さい》↓サヒの意で、鉄の酸化したサビから転じたことに由来。

白石《しらいし》・白岩《しらいわ》↓白い色の鉱石の意に由来。

祖父《そぶ》↓ソブはサヒと同じサビから転じたことに由来。

台田《だいた》→ダイダラ・タタラに由来。
丹生《にゅう》→辰砂・水銀の産地に由来。
白山《はくさん》→金属の産地。『漢書・史記』の五徳終始の説より、白は金（金属）の意に由来。
樋《ひ》→製鉄過程で水流を利用し沈殿の為の道すじ作りの道具に由来。
福《ふく》→タタラ炉の火吹・息吹に由来。
舟《ふね》→フネは溶鉱炉の意に由来。
船沢《ふなさわ》→製鉄の原料の採取方法に水を使用し、比重選別する為に調整された沢に由来。
朴木《ほうのき》→製鉄作業で足の裏が火傷しないように朴の下駄《げた》を履いたことに由来。
湯《ゆ》→炉より高熱に溶融した金属の意に由来。

4　耶馬渓《やばけい》と枌洞穴《へぎどうけつ》

始めに疑問を持った向原とは、記録を調べれば神社との関係の深い特別な地名であった。なにげないと思われる地名であっても、歴史を探ると様々な事柄も見えてくるのである。そして地名に関する書籍は多いのだが、まだ誰も調べていないと思われる、私の珍しい旧姓の発生の地名を偶然にも調べることとなった。それは50年ぶりにその地を訪れたことから始まる。

私の郷里、大分県中津市本耶馬渓は以前、穴石郷と呼ばれ、豊前国に属していた。中津周辺は、山国、穴石、諫山、麻生、野仲、大家、小楠の七郷があり、宇佐八幡の起源からも鉱物資源地名が多く、今も地名には何箇所か残っている。アナシという響きになじみが薄いが故、探究心に火がついたのである。

中津は豊前三大祭りや、大分三大祇園《ぎおん》の一つである中津祇園で有名である。本耶馬渓は全国屈指の景勝地で奇岩秀峰と山国《やまくに》川の清流の景観は素晴らしい。耶馬渓と名付けられる以前は、樋田《ひだ》や屋形《やかた》の辺りは、東城《き》井《い》で山国川も城《き》の川（木の川）と呼ばれていた。また菊池寛の小説『恩讐《おんしゅう》の彼方《かなた》に』で有名な青《あお》の洞門《どうもん》と、鎮西羅漢《ちんぜいらかん》の本山の五百羅漢寺３７７０本の石仏と、日本一の長さを誇る八連アーチでオランダ橋と呼ばれている石橋の美しさ等は一見の地である。

中津市出身の福沢諭吉が、耶馬渓の森林を守る為に、土地を購入したという記録も残る。

さらに、本耶馬渓町今行枌地区には、１９７４年別府大学考古学教室と長崎大学人類学教室の研究者により、縄文早期・前期・後期の遺跡が発掘された。集塊岩を侵食して出来た自然洞穴で、埋葬遺構が、当時の精神的問題研究に重要な課題として研究されている。

杉洞穴で注目すべきは、中国の揚子江下流から発掘された物と同じ、「玦《けつ》」（玉の輪《ぎょくわ》）と呼ばれる装飾品が出土していることである。弥生時代から、この地域は中国との交流があったという証拠である。

この杉洞穴のみならず近辺には古墳も発見されていて、古代の人々をも魅了した生活に適する土地であったと考えられる。

古代この地は、宇佐八幡の大神《おおみわ》氏が祭祀氏族に加わっていて秦氏や天日矛を祖とする息《おき》長《なが》氏《し》の関わりが強く、鍛冶神や中国の道教との結びつきも強いと言われていた。八幡宮の起源からみても鉱物資源地名が今も現存する。

5「杉」のルーツとアナシ

私の、生家は樋田という地名で、青の洞門入口の通り道に面する。本家のある下屋形と、今行杉地区近辺は「宇佐氏の氏族が移り住み、鎌倉末期に屋形氏を称した」とあり、また「鎌倉前期将軍頼朝の命を受けた、佐々木三郎頼綱は、豊前の守護として下向し、その際、朝廷より鉾二本を賜ったので、祠を建て鉾神をあがめ、子孫代々の守護神として信仰した。子孫の矢形兵部丞が、野仲氏と戦い討死した為、その子孫は今行村で帰農し、粉杢右衛門として、代々相伝した。」と町史に記述されている。

そして耶馬渓は古代に穴石郷と呼ばれていて『和名抄《わみょうしょう》』による「穴石は下毛郡《しもつけのこおり》の七郷の一つで穴磯部《あなしべ》に由来有」とある。三木彊氏によると「金・黄銅鉱・黄鉄鉱の鉱脈が地質学的にみられる」という。

このアナシという響きと穴の文字を持つ地名を調べてみると、滋賀県の穴太《あのう》・三重県伊賀阿拝の穴石・伊勢多気町の穴師・奈良県香芝の穴虫・桜井市の穴師がみられる。各々の地の近辺には鉱物資源地名が多いことから確信を得る。

穴師とは武器材料としての鉱物採掘師・鉱脈の探索師であり、穴磯部のことである。奈良県桜井市穴師に穴師兵主神社《あなしひょうず》が鎮座するが、元々は弓月《ゆつき》（斎槻《ゆつき》）岳の山頂にあって、夏至の時期に山に太陽が昇り、豊作を祈る為に祀られていたと考えられている神社であった。

しかし、そこに大和に移住してきた鉱物採掘集団の崇める神（漢の高祖が蚩尤を勝利の神として祀ったことに由来する兵主神）を加えて鍛冶神と軍神を神社に祀られたという説が有力である。

　歴史的遺跡の宝庫の奈良県はもとより、滋賀県・京都府・兵庫県・鳥取県に穴師神社が集中して鎮座しているのが特徴的である。

　関東には、なじみの薄い神社名であるが「……武蔵に残る」という地名の記録文から、埼玉県児玉郡美里町の阿那志を発見した。周辺の地名や字名が独特である。（小茂田・赤尾・白石・湯本・小栗・那珂川）と鉱物資源系の色濃い地名であり、歴史的地名や有名な土地から名付けられたと思われる（古郡・甘粕・大仏・木部・志戸川等）がある。神社としては、みか神社・金鑽神社・北向神社が古社として鎮座していた。

　慶長以前（１５９６年）頃には「穴師郷・穴師村」と記されていたので、古く中央の大和から鉄の加工を業とする人々が移り住んでいた推測は成り立つ。

　また、美里町について十年程前の大手地図帳には粉木・粉木川と印刷されていたものの、２００９年度の情報地図帳では、何と枌木《ねりぎ》・枌木川《ねりぎがわ》という文字になっていた。

　小学生時代には東京都練馬《ねりま》区豊玉《とよたま》に住んでいて、遠足等で近くに行った経験もあったが、今まで全く知りえなかったので、初めて自分の珍しい旧姓と同じ活字を目にして、驚きと、喜ばしい衝撃を受けたのである。

大分県穴石郷の、「枌」という地名と遠く離れた埼玉県阿那志に、枌木の地名が付いたのは、大陸から鉄を求めてきたであろう人々が、とりもなおさずあらゆる理由によりそこに住むことから始まった。だが、各時代の国家が成立し統制されては崩落が繰り返され、詳細な記録は消滅してしまい忘却されて来た。しかし人々の生活に欠かすことの出来ないもの、それは日本のあらゆる村や町に、古代より鎮座している神社である。古代の記録はおぼろげではあるが残されている。

穴師神社・六所神社等について調べるにあたり、我が国の神とは、神社とはいかなる存在かについて次に考察する。

(二) 神々と神社をリサーチしてみる

現在、多くの日本人は、正月の初詣、結婚、出産、受験、病気等、困った時の神頼みで近くの神社にお願いをする。夏祭り、秋祭りの本質も祭神がどなたかさえも知らずに楽しく参加し身近に感じ、礼儀や作法を学び、日本人の心の基盤を養う場として、日常生活を潤滑にすごす為の実に寛容な宗教と神社をとらえているのではないのだろうか。そして宗派が明確にある寺には、死に関する儀式をおまかせする、仏様にも手を合わせて何もかもお願いをしてしまうのである。さらに諸外国の宗教人より不可解と指摘される点として、無宗教と言いつつクリスマスを、パーティーの如く祝う本当に宗教感が無いに等しい民族なのである。

私も学生時代より神社や寺院に対しては、建築物や仏像の造形の優れた技術と表現力に宮大工、仏師をひたすら賛美するのみであった。

1　『古事記・日本書紀』より神話の神々

一代　天之御中主神《あまのみなかぬしのかみ》

高天原の神聖な中史に位置する主君の意。中国、天帝思想による神。主祭神とする神社は少なく妙見信仰と習合する。

二代　高御産巣日神《たかみむすびのかみ》

苔ムスのムスで生成の意味。ビは日と火の事。高木神の名で祀られる。

三代　神産巣日神《かみむすびのかみ》

二元的、物の元は二つから成り立つの意。

七代　伊邪那岐神《いざなぎのかみ》・伊邪那美神《いざなみのかみ》

国生みを行った男神と女神。万物を産みなす神。

日本最古の歴史書の『古事記・日本書紀』に記されている神々がいつの時代からか、神社が建立され始め国の確立と共に、祭神として祀られてくるのである。

天地の認識が高天原《たかまがはら》と黄泉《よみ》の国（死の世界）と根《ね》の国とに始まり、天之御中主神《あまのみなかぬしのかみ》↓高御産巣日神《たかみむすびのかみ》↓神産巣日神《かみむすびのかみ》の三神が高天原に出現する。造化三神と呼ばれ、次々と神が出現してくる。（古事記と日本書紀の漢字表記に違いもみられるが、訓は一律である）

そうしていつのまにか話は天照大神《あまてらすおおかみ》が高天原を統治して、現在の天皇の祖先とされる神武天皇に至るのである。

日本の天皇は神の子という意味で伊勢神宮（祭神は天照大神）を皇室の氏神として、教典はないものであったが、『古事記・日本書紀』により教典化し明治四年に大政官布告により、日本中の神社に格が定められた。

『古事記・日本書紀』以外にも歴史学者は否定的であるのだが、竹内文献（平郡真鳥《へぐりまとり》＝

編集）冨士古文献（徐福＝編集）秀真伝（編集不明）東日流外三郡誌（秋田孝李・和田長三郎吉次＝編集）等が残されている。

神武天皇以前に七十数代の王朝があると記されていたり、中国の伝説の王が日本に渡って来た話など、それなりに伝承があったと思われる。

『東日流外三郡誌《つがるそとさんぐんし》』には、神武に追われた、ナガスネヒコが「先住の民や、中国から逃れてきた王族と一緒になり、アラハバキという神を祀る。」という記述に注目したい。

全て偽書と葬り去れない、何かを感じるのである。

これらの文献が偽書で『記・紀』が正書であるという根拠は何であろうか。

2　神とは

「日本語の『かみ』の語源は今一つはっきりしていない。漢字の『神』ジン・シンを宛てたことは明らかである。

偏の『示』は祭祀の時に神に供物を拝げる為に土を盛り上げて築いた祭壇の事。

音符の『申』は電光の伸びる姿を表わしている。」と、三橋健氏の説。

3　神道《しんとう》とは

日本特有の民族的信仰体系であり、自然崇拝から始まった。

しかし、定めた教義もなければ、教典もなく、仏教の伝来に伴い、それに対立する為、神道の概念が形成されて、神道という語が用いられるようになる。

なお、明治以降の国家主義的神道と、それ以前の信仰の神とは連続性があまり感じられない。

4　神社・神宮とは

神社とは、神を祀る殿舎をいう。特に殿舎を造らない奈良の大神神社や、埼玉の金鑽神社は、自然物崇拝で、今も本殿はなく山や岩が御神体として崇拝されている。

古代において、建造物は重要でなく、神々は、神殿の内に祀ることはなかった。平安時代から神殿のほかに、拝殿・奉幣殿・祓殿・その他の付設建物が設けられるようになった。

供え物は生の料理の材料と、言われている。

神宮とは、石上神宮を除いては、特定の個人が祀られている。

供え物は料理された食べ物と、言われている。

神を祀る神社・神宮は村里から離れ、神が降臨する場であり、聖域であるので、人が立ち入ることを禁じた。

森に囲まれた場所が主に多く、人々は遠い場所から手向け拝んでいた。

5　仏とは

悟りを開いた仏教の聖者で、通常では仏陀をホトケというが、死んで神になった人もホトケという。

このことは平安時代の日吉大社のある比叡山を開いた最澄や、丹生《にう》神社のある高野山を開いた空海により、神・仏を区別なく信仰して来た独自の教義が、神仏の習合によって進められた為である。

そして、今も神社と寺に矛盾が残る。

6　「牛頭天王《ごずてんのう》」の正体

2008年8月に夫の研究課題の書籍が秘蔵されている、津市の図書館へ行った際に、街の店舗や家屋の軒先に「蘇民将来之子孫也《そみんしょうらいのしそんなり》」「蘇民笑来《そみんしょうらい》」と書かれた、正月の注連縄《しめなわ》飾《かざ》りの付いた板状のものを偶然見かけた。「夏のお祭り用かしら?」と、その時点で勝手な解釈をしていたが、なぜか脳裏に焼き付いて離れなかったのである。再び十月に伊勢・志摩を旅行した折に「蘇民将来」と「牛頭天王」信仰が色濃く満ちている土地であることを知った。

現在の情報では、あまり耳にすることのない「牛頭天王」とは、何か? それは、私の住む隣の千葉県柏市柏神社の記によると「遠い祖先以来　天王様として親しまれて来た柏神社は、羽黒神社と八坂神社の両天神が鎮座する合祀社である。……」

そして八坂神社について「本殿は京都市祇園に鎮座し素戔嗚尊と、その妃、稲田姫命の御子神八柱と祀る、古来祇園社と祇園天神と言い、また牛頭天王ともゆう。この八坂神社の大神々が、此の境内に祀られたのは１６６１年頃。江戸時代の前期だと言い伝えられています。当時流行した悪質な疫病より、村人の命を救うため、京都の牛頭山より（御霊会）が主な厄除けに強い素戔嗚尊の神霊と村人代表が苦業の上、身につけ、此の境内に迎に祀り昼夜祈願の上、疫病を祀い除うけたとの言い伝えに依るもので、つい最近までも御歩射（おびしゃ）等で崇敬者は祈願していたものです。今なお境内には、宝永四年（１７０７年）四月九日奉献の牛頭天王の石燈など境内に数多く残っております。……」

とある。

記紀神話に登場する、有名な神の別名ということである。

川村湊氏の説では「日本最古、平安末期の『牛頭天王曼荼羅』が春日大社の末社の水谷社の衝立《ついたて》から発見されたという事もある。春日大社は興福寺と関係が深く祇園社《ぎおんしゃ》の創建には興福寺の円如が関わり、水谷社から龍神を勧請して来たのが祇園社の嚆矢《こうし》（物事のはじめの意）である。という伝承がある事は前述した。……龍神としての牛頭天王はすでに奈良の都で成立していたのかもしれない。……

香取神社のフツヌシとされている第二殿の神は、鎌倉時代には牛頭天王であると明記されていたのである。……

比叡山の日吉《ひえ》大社の山王神道が牛頭天王信仰と教義的な関わりを持つのではないかという推測も可能である。……

そして、「明治の神仏分離政策において隠され隠滅させられた神であった。」と述べている。

現在あまりしられていない牛頭天王とは龍神《りゅうじん》であり、日吉大社の山王神道や毘沙門天と人々の信仰願望に強い影響を持つ神。という説に益々引き込まれていくのである。

松本清張著の『私説古風土記』から『常陸国風土記』によると、「牛頭天王は疫病神が旅に飢え、金持ちの巨旦将来《こたんしょうらい》に宿を乞うたところ断られ、弟の蘇民将来《そみんしょうらい》に迎えられて粟《あわ》飯《めし》のご馳走になり、ワラの蒲団を提供される。その礼に蘇民将来は神から護符を与えられ、疫病が流行してもこれをもっている物は助かると告げられる。その護符には『蘇民将来子孫也』と書かれ『備後国風土記』には、蘇民将来の伝説があり、武塔の神は『吾は速須佐雄の神なり、後の世に疫気あらば、汝は蘇民将来の子孫といひて、茅の輪《ちわ》を持って腰に着ける人は、免れなむ。』と言葉を残した」とある。

さらに注連縄について川村氏によると「伊勢・志摩の地域独特のもので、藁で編んだ注連縄に橙《だいだい》・裏白《うらじろ》・柊《ひいらぎ》・紙垂の飾りを付け中央に木札を苧《からむし》で結びつけたものだ。この木札は『桃符《とうふ》』と呼ばれ、桃や柳の板を使う場合もあるが、今はほとんど杉板である。
桃、柳には、辟邪の意味があるが、杉板はその代用品である。札の表には『七難即滅・蘇民将来子孫門七福即生』と書き、裏には『急々如律令。八街比売命《やちまたひめのみこと》。久那戸神《くなどがみ》』などと書く。」

大分県宇佐八幡の祖社（元社）は中津市の薦《こも》神社であった。それは池で取れる真薦《まこも》を神事に使われていたことで立証される。（又、古代にこの植物の根から鉄も採取されていた。）

そして、中国でも漢の時代に茅の輪くぐりの儀式の元となる葦の縄を使用するならわしがあった。疫神を縛り上げるものであったが、永い時を経て起源は忘れられ、茅の輪をくぐると疫神に憑かれていないという証明の儀式となって来たのである。「茅《ち》の輪《わ》くぐり」とは現在、牛頭天王を祀る社・寺で正月の行事として行われている。

そして民間の伝承は様々な要素、他の宗教・信仰と習合し、地域や時代を超えて伝播するものである。

牛頭天王とは『朝鮮起源である』という説や、古代ユダヤ教、キリスト教に関連付ける説と多くの学者が八世紀初めに『釈日本紀《しゃくにほんぎ》』巻七に収録された「疫隈《えのくま》の国つ社《やしろ》」の縁起

柏神社（柏市）

茅の輪

六角

に記されていることに発し、研究されて来てはいるのであるが、明治元年（1868年）の三月二十八日に「神仏分離」の太政官布告により「天王」という称号は抹消されてしまうのである。

さらに、柏神社の記録や備後国風土記の記録からは、牛頭天王はスサノヲ神であるといわれている。記紀神話の男神は、黄泉国から帰った伊邪那岐神が禊《みそぎ》祓《はらい》をしたおりに化生した神々の一柱、御子である。

スサノヲの須佐は進む、荒ぶなどのスサで荒々しい振舞いの神話が多い。出雲系氏族の祖神説が一般的。

天の岩戸の神話では悪役であるが、出雲へ下ってからは、大蛇退治、植林などの国土の増設や経営の英雄神となる。

牛頭天王に八人の子供がいて八王子とされている。

（その八人の神々も仏家と神道家の説で異なる名前が伝承されている。）

八人の御子神

一、八島士奴美神《やしまじぬみのかみ》

二、五十猛命《いそたけるのみこと》（大屋毘古神）　樹種を日本全土に播いた神々
三、大屋津媛命《おおやつひめのみこと》
四、抓津媛命《つまつひめのみこと》
五、奥津島比売命《おきつしまひめのみこと》
六、市寸島比売命《いちきしまひめのみこと》　宗像三神
七、多岐津比売命《たぎつひめのみこと》
八、須勢理比売命《すせりひめのみこと》　大国主命の正妻となる。

「祇園牛頭天王縁起」仏家説によると
一、相光《そうこう》天王（春三月《みつき》の役神）
二、宅相《たくそう》神天王（夏三月の役神）
三、倶魔羅《くまら》天王（秋の三月の役神）
四、徳達《とくたつ》神天王（冬三月の役神）
五、魔王《まおう》天王（四方を司る役神）
六、羅侍《らじゅ》天王（十二支を司る役神）

七、達尼漢《たつにかん》天王（八専を司る役神）
八、侍相《じゅそう》神天王（四季の土用を司る役神）

神道家の説によると

一、八島篠見命《やしまじぬみのみこと》
二、五十猛命《いそたけるのみこと》
三、大屋津比売命《おおやつひめのみこと》
四、抓津比売命《つまつひめのみこと》
五、大年神《おおとしのかみ》
六、宇迦之御魂神《うがのみたまのかみ》
七、大屋毘古命《おおやびこのみこと》
八、須勢理比売命《すせりひめのみこと》

第二章　「粭」を探せ（地図から神社から）

㈠　地図で見つけた「粭」の地へ行く

1　埼玉県児玉郡美里町大字広木字粭木《ねりぎ》

美里町に字名と河川名の「粭木」を目にしたのは、穴師《あなし》神社について研究を進めている時で、「阿那志《あなし》」という古い地名が今なお残るという美里町の地図から見つけ出したのである。この古い名が継続存在している町の歴史を手掛かりにして「粭」の起源を求め、究明への糸口になると考える。

埼玉県は古代の歴史的遺跡や国内有数の古墳のうち、有名な基も多く発見され研究も進んでいる。古墳について『美里町史』によると、先土器時代の遺跡も数ヵ所発見され、調査が行われていた後、各時代の遺跡、出土物も多く、又、古墳群の姿もはっきりと残されている、改地されてしまった物等がまことに多い。しかも四世紀中期頃とされる土器が多類であり、古墳数は八世紀初頭期までに千基も存在したようである。美里町東部の阿那志の長坂聖天塚古墳の被葬者は、五世紀後半期にこの地方一帯を支配した人物とみられている。それは「古代における権威の象徴となる銅鏡によって判明されて、大和地方の豪族との関係がうかがわれる」と、記録されている。

埼玉県の北西部に位置するこの町を訪ねてみると、中央以北は平地で水田や畑の広がる豊かな土地柄である。南方に行くにしたがい、ゆるやかな山間部となる。粉木地区は町の中央に流れる生活用水・灌漑用水として往古より利用されている志戸川（志度川とも）の支流川周辺であり、丘陵地帯に属している。町全体におだやかな雰囲気がただよう。

阿那志地区の近辺には浅間山神社と河輪神社が鎮座、河輪神社については『三代実録』に載っている河曲神社のことであって「その昔……代官が近村の村史を従えて、祈雨祭を修行し、霊験最も顕著であった。……」という。しかし古文書類は元和年間1615年～1623年の火災によって全部焼失したそうである。

大字広木地区は、古くは弘紀郷とよばれ、六世紀の古墳副葬品等が豊富に出土されている（馬具・小玉直刀・平瓶）七世紀前半の古墳からは円筒埴輪、剣形埴輪、大刀埴輪、鞆形埴輪、朝顔形埴輪、馬形埴輪、靭型埴輪が出土されている。これらの埴輪製作用窯跡は近くの白石地獄沢地区で発見されている。

桝木地区からも金属に移行する前の段階で模倣した磨製石鏃が出土している。

地名に関しての記録は『美里町史』によると「古代律令国家成立は都より遠隔の地であり、二十一郡を有する大国に改革の波が完全に実現するには、長い年月がかかったようで、当時の詳細は困難を有する……。」とある。

「児玉郡の元は黄田《こうだ》郡であるが、草田郷とも記されていた事が高山寺に残っている。本来は『大日本史』を始めとして諸書に黄は『薦《こも》』の誤字で薦田郷であるとして小茂田村をその遺名地としている。広木は弘紀郷であった。広木には延喜神名帳に記載されている。

式内社、旧那珂郡の総鎮守で、当地屈指の古社である、みか神社が鎮座している。創建年代は詳らかでなく、神社名の意味・由来も不明である。文字も当用漢字にはない興味深い神社である。更に、阿那志の付近の町を囲むように北向神社が点在している。この名称は特徴的である。

弘紀郷の豪族である桧前舎人石前が広木の字御所の内に移住していた。

彼は武蔵国造の分家で上古、部民を率いて朝廷に仕えた伴造家の一族であるといわれている。妻の真足女《またりめ》は秩父末野（現、寄居町）の豪族大伴氏の娘である。天平勝宝七年（755年）に、防人として筑紫に赴いた夫の石前へ惜別の歌として『万葉集』巻二十に載せられている。さらに、滋賀県日吉大社近くの修験道の寺院として格式高い、宝積院の末寺である宝積院が『永禄二年（1559年）七月二十九日開山された』とあり現在では個人宅となり不動堂として本尊の不道明王象と役行者木像と文章一通が保存されている。」

美里町には条里の実地期は明確ではないが遺跡名として、北十条・南十条があり鎌倉時代の荘園地名も残る。しかし阿那志と枌木についての由来や起源については全く記述がないのである。

私の考えでは、これまでの美里町の歴史をふまえ、薦田郷の地名は、大分県中津市の薦神社と共通している点、さらに石前が防人として福岡県へ赴いたことと、多くの修験者（英彦山や日吉大社からの）が行きかう地であった点で漢方薬として楡の古名が枌で、「にれぎ」が「ねりぎ」と訛り伝わったのではないだろうか。

この美里町、枌木地名の発見が発端となり、古書と図書館での収集により、続々と「枌」の活字のある地名・姓名・神社等、諸々を見つけ出すこととなったのである。

枌木集会場（児玉郡美里町）

枌木川（児玉郡美里町）

(二)「枌」のつく地名その読みは

※現在地図より、この文字が使用されている場所と近辺の神社等を表示する。

○山形県寒河江市大字田代枌沢（こばさわ）　※現在地は不明
○埼玉県児玉郡美里町大字広木枌木（ねりぎ）【みか神社、金鑚《かなさな》神社、枌木川】
○奈良県吉野郡川上村枌尾（そぎお）【丹生川上神社、白鬚《しらひげ》岳１３７８ｍ】
○香川県綾歌郡綾川町枌所西（そぎしょ）【白鬚神社、朽木《くちき》神社】
○香川県綾歌郡綾川町枌所東（そぎしょ）【猿飼神社、川上神社、国分寺中通線】
○香川県高松市塩江町安原上　東《かみひがし》枌谷（しょぎだに・しょんだに）【春日神社、白人神社】
○香川県　さぬき市　大川田面　不枌（ふそぎ）【豊田神社、八幡神社】
○広島県　新庄市　枌谷（そぎだに）
○大阪府泉南市岬町枌谷（そうきたに）
○大阪府和泉市枌谷（にれたに）　※現在地は不明
○大分県　中津市　本耶馬渓町　今行　枌（へぎ）【六所神社、枌洞穴】

○宮崎県東臼杵郡諸塚村北桙（ほくそぎ）

㊂「桙」のつく苗字、その読みは

※現在の電話帳調べと辞典による苗字を表記する。

電話帳より

桙岡（そぎおか）
桙原（そぎはら）
中桙（なかそぎ）
桙（へぎ）

『苗字8万よみ方辞典』より

桙田（そぎた・ぬぎた・ぬきた・ぬきだ）
桙谷（そぎたに・そげたに・それたに）
桙桙（ちんにゅう）

枌野（そぎの・そげの・にれの）
枌（そぎ・ちん・にゅう・へぎ）

中枌さんの例のように二文字目に「枌」が使用された苗字は、発見するのにとても困難を要する。したがって、まだ多くの「枌」苗字の方が全国域で居られるであろう。

㈣「枌」から「杉」へ　※全国神社名鑑より

1　杉山神社は枌山神社だった

杉山神社（現・鶴見神社）
神奈川県横浜市鶴見区中央に鎮座（旧武蔵国橘樹郡鶴見村）
（祭神）…五十猛命《いそたけるのみこと》・スサノオノミコト
（創建）…推古天皇593年～628年ごろ）
（例祭）…天王祭

（神事）…杉山祭

１９６２年に、境内の古木が倒れ、その根元より弥生後期の。土器や古墳時代の土師器、鎌倉時代に至る祭祀遺跡が発見された。よって創建伝承以前より祭祀の場であることが確認される。

『続日本後紀』より承和五年（８３８年）二月「庚戌（８３０年）武蔵国都筑郡杉山神社預之官幣以霊験也」とあり、更に、承和十五年（８４８年）五月「庚辰（８００年）奉授武蔵国无杉山明神従五位下」と記録があるが、その後の、位階を進めた記録はない。『延喜式』より、武蔵国都筑郡一座小社杉山神社とあって式内社に列している。当時、武蔵国で式内社に列した神社は、四十四座で大社二座、小社四十二座である。

この杉山神社とは、武蔵国総社の大国魂《おおくにたま》神社の六の宮である。大国魂神社は、社伝によると景行天皇四十一年五月五日の創祀で、代々の武蔵国造によって祀られていたが大化の改新以後にこの地に国府がおかれ、国司が奉祀し、六社が合祀された。「青袖杉舞祭」の祭事については、杉の小枝を手にして青袖を着て舞うもので、これは、源頼朝が祈祷させた折、杉舞を奉納したことに由来するといわれている。神社は平地で北面に鎮座する。大国魂神社の鎮座する、府中の近くに住んでいたので、初詣や祭には度々訪れたこともあり、今思えば美しく、壮大なケヤキ並木に重厚な神社の印象は北向きであるがゆえ、光の屈折の妙が織りなす技で映えるのだと、納得させられる。

大国魂神社の研究者は特別に、六の宮の杉山大明神を取り上げ、細部にわたり、別途記されていて、「枌山神社」「枌山明神」とも古くは記されていたと述べている。杉山神社は、神奈川県以外には見当たらず、格式の高い古社で数も多く、2006年には合祀社を含み57社ある。社務所の無い社がほとんどで、地元の方々も具体的由緒、由来の不確実性に悩まれ、やはり私と同じく語源から探る方法をとられている。研究家の戸倉氏も、考察で次のように述べている。

「杉山神社という社号は往昔、杉の生い茂った山に此の神をお祭りしたから起こったのだろうと私は考える。一般に、杉が林立する山を杉山といい、松があれば松山といい、桧が多ければ桧山と…。しかし杉の山、杉山と永く呼ぶ間にそれが何時とはなしに地字となったものもあるが、都筑の同名社の鎮座地に、今も杉山の地名は聞かない……」と、疑問をなげかけている。

また、江戸時代の浅草の国学者黒川春村の著に、「枌とはニレノキであって、杉字の草書体と、枌字の草書体が似てる事によって混ざれたる原因とされる。」と、『杉山神社神寿歌釈』の前書きに記されていた。そして「『能登国鳳至郡神杉伊豆牟比咩神社』の神杉も古くは『神枌』であった」とあるも、この時点においても「杉」の字を「枌」と誤って書き残していたと受け入れている。両者も初めて目にしたであろう「枌」の文字について理解に苦しまれている様子がうかがわれる。たしかに、漢字辞書では「杉」と「枌」はイコールにならない。植物としては別種なのであるから。「古本に『神枌』と書かれた物や、その他にも枌をスギと読ませた例があるので『枌』は『杉』の古体である。」と結論に至ったのは残念である。杉が神の依代として最も多い例の、スギを冠した式内社ということで杉山神社は取り上げられているが『続日本後紀』の神社としての例に「枌山神社」承和五年（838年）二月庚戌。と現、杉山神社が記されている。

杉山神社の本社とされる鶴見神社の田祭りで、歌われる「神寿歌」に注目すべき歌詞が残されている。

「ねれねれねれや　我がまへを　ねれよ　とうねれ　はかまのや　すあうかさ　ねれよ……」

全体で三段にも及ぶ、この部分は繰り返し三回歌う。文学的にも優れ、当時のこの地域の民俗・信仰・風習・農耕の様子がうかがわれる。神事から始まった、豊穣祈願が民俗芸

杉山神社（現・鶴見神社、横浜市鶴見区中央）

能へと移行してきた様子からも、貴重な文献である。

「ねれ」とは、調子をそろえて歩けという意味で「練り」であるが、いつの時代からの伝えか語源は何であるか調べに値すると考える。埼玉県美里町の「椕木《ねりぎ》」と読むのと共通する点はないだろうか、歌詞に何か託されていると思えてならない。

2　横浜に多い杉山神社　※情報地図より

横浜市

・青葉区（五社鎮座）
あかね台1-1
荏田5-5
千葉台18
千草台17
みたけ台26
・神奈川区（三社鎮座）

片倉5-5
菅田町
六角橋2丁目
・港北区（五社鎮座）
岩根町
新吉田長4508
新羽町2573
大豆戸町238（八杉神社）
師岡10
・都筑区（五社鎮座）
池辺町
荏田東4-57
大熊町494
勝田町1220
中川6丁目

・鶴見区（二社鎮座）
鶴見中央１-14（鶴見神社）
岸谷１
・西区（一社鎮座）
中央１-13
・保土ヶ谷区（六社鎮座）
上星川２-12
川島町
西久保町118
仏向町
星川１-19
和田１-10
・緑区（五社鎮座）
青砥町
鴨居４-13

寺山町１７６
西八朔町
三保町
・南区（一社鎮座）
南太田２丁目
・川崎市高津区（一社鎮座）
末長
・多摩区（一社鎮座）
西生田３-３
・平塚市（一社鎮座）
平塚４-10
・三浦郡（一社鎮座）
葉山町上山口正吟２７５３

杉山神社（緑区西八朔町）

東京都

・稲城市（一社鎮座）

　平尾

・町田市（五社鎮座）

　金森３００

　金森１６２３

　つくし野２‐８

　成瀬４５１３

　三輪１６１８（椙山神社）

神奈川県川崎市麻生区黒川20に鎮座する、汁守神社。

東京都町田市真光寺町２４８に鎮座する、飯守神社。

東京都稲城市平尾に鎮座する、平守神社。

これら三社は、大国魂神社の膳部であったという言い伝えが残されている所から、よって杉山神社である可能性が高い。

3 「枌」を「杉」にされた神社

神杉伊豆牟比咩神社《かむすぎいずむひめ》

・石川県鳳珠郡穴水町中居に鎮座

（由緒）

花山天皇の寛和元年（985年）に当郡の式内社、神枌伊豆牟比咩神社を勧請したものをいう。

元は神杉六所大明神と称した。（伝説上の人物武内宿禰が、開いたとも伝えられる）

（社宝）

神鏡（青銅八つ花形・青銅円形）

・石川県輪島市三井本江に鎮座

（由緒）

式内　神杉伊豆牟比咩神社の論社かつ郷社とある。

諸杉神社《もろすぎ》

兵庫県豊岡市出石町内町28に鎮座。

（祭神）…多遅摩母呂須玖神《たぢまもろすくのかみ》（但馬諸助）元は、小坂村水上に「諸枌神社」として祀られていたが、天正二年（１５７４年）但馬国守護の山名氏が坂の守護神として現在地に遷座。

（創建）…不明とあるが『延喜式』『神名帳』に記載されている式内社であるので元慶年間（８７７年～８８４年）頃と推定する。

本殿向拝の扉には、神功皇后と応神天皇の彫刻が施されている。

４　神名帳より検索した「枌」

丹後国與謝郡六十八前の従二位

「枌末明神」日吉神社境内の小社杉末神社として

京都府宮津市宮町１４０８に鎮座。

丹後国熊野郡八十四前の正三位
「枌村明神」
京都府京丹後市久美浜町あたり所在不明で記録。

丹後国竹野郡五十八前の正四位上
「枌社明神」
京都府京丹後峰山町あたり所在不明で記録。

駿河国盧原郡十所
「枌社天神」
静岡県清水区あたり所在不明で記録。

5　もとは「枌」と思われる「杉」を冠した式内社・国史現在社

須枝神社　＝　伊勢国河曲郡

須枝神社 ＝ 陸奥国黒川郡
須岐神社 ＝ 加賀国加賀郡
須義神社 ＝ 但馬国出石郡
杉原神社 ＝ 越中国婦負郡
杉杜郡神社 ＝ 越前国足羽郡
杉桙別命神社 ＝ 伊豆国加茂郡
須義神社 ＝ 出雲国嶋根郡
杉田神 ＝ 越中国「三代実録」貞観五年八月十五日
椙尾国神社 ＝ 石見国「三代実録」元慶四年二月八日
榅榎神 ＝ 安芸国「三代実録」貞観九年十月十三日

㈤ 祭神としての「枌」

鵜甘《うかん》神社
福井県南条郡南越前町堂宮九に鎮座。

（祭神）…鵜草葺合尊《うがやふきあえずのみこと》
（合祀）…大山咋尊《おおやまくいのみこと》 天津彦火瓊瓊杵尊《あまつひこほににぎのみこと》 伊邪那美尊《いざなみのみこと》 大國主大神《おおくにぬしのおおかみ》 曽博《そはく》王神

式内社越前国今立郡鵜甘神社の一社。

社伝によると「白鳳二年（６７３年）三月に滋賀の日吉大社からの勧請」とある。杣山郷十三ヶ村の総社として崇敬された古社。『神名帳考證』によると「鵜甘部武内宿禰男己西男栖宿禰之後也與二生江一同種」とあり「合祀されている祭神の曽博王神とは、今立郡内九郷のひとつである曾波久の王ということらしい」。福井県史によると「今立郡の一つに曾博郷があって、天平十七年（７４５年）の年記をもつ平城宮木簡に『曾博之』とある。今立郡から大野郡にかけて曾博王神・會博枌杠神・曾博神などが祀られている」と記されている。

曾博郷の比定地は明らかにされていないが鯖江市河和田・磯部付近であろうとの説がある、越前市の杉尾町の神社から東南の方面に、今立池田町に鵜甘神社が数社みられ、鎮座地の堂宮町周辺には杣山《そまやま》、杣木俣《そまきまた》、杉谷《すぎたに》、古木《ふるき》と「枌」を思わせる地名と白鬚神社が二社と素戔嗚神社が鎮座する。

杣木俣の由来が曾博郷に含まれていた地を分け曾博俣となり杣木俣になったとあるので、

広範囲におよぶ地域であったと思われる。
曾とは、かつて今まで過去にの意。
博とは、あまねく、ゆきわたる、大きいの意。
枉とは、まげる、主義をゆがめるの意。
枉とは王と解釈されているも「社」の誤りとも考えられる。

第三章　歴史書に埋もれた「枌」を掘り起こす

㈠　条里の中の「枌」

1　枌本里《にれもとのり》・枌下里《にれもとのり》　※現　京都府京都市

日本古代史地名辞典によると、「平安期の山城国宇治郡八郷の一つに山城郷があって、斎明三年（657年）の条《くだり》の『帝王編年記』には『内臣於山階陶原家（山城国宇治郡）始立精舎』とあり、中臣鎌足の邸宅が建つ。山城精舎（山階寺）は後の興福寺。天智八年（669年）の条の『日本書紀』には『天皇縦狩於山科野』とあり天皇の陵墓（山科陵）が当地。天智10年（671年）の条の『扶桑略記』に山科郷とある。永観三年（985年）五月（※永観は二年までで、次に寛和元年が4月27日から始まっているので誤りであろうか）の『小石記』には『殿下御領山科山荘』の記があり、貴族の別邸が続いて営まれ寺院の建設も著しく、安祥寺、元慶寺、随心院、勧修寺《かんじゅうじ》などの大寺院相次ぎ山科の開発が進む。」

「保元三年（１１５８年）五月十日の『山城国勧修寺領田、畠、検注帳安』（勧修寺文書）に『粉本里廿二坪一町、作畠七段、荒三段』とあり同年の『山城国　安祥寺領　寺辺田畠在家　検注帳案』（同期）にも『粉下里　廿四坪一町　作畠五反　荒五反』とある。」と、記されている。

水戸徳川家に関わる史料所蔵の機関である、彰考館に天平十四年（７４２年）の制作とみられている、一般には『山科郷古図』と呼ばれている地図（原本は存在しない）の模写がある。この地図によると、粉本里の位置は四条十六里で、現在の椥辻《なぎつじ》付近であるが「写しだけであるので、どこまで正しくて、どこがいつ書き加えられたものであるのかということを見極めるのが非常に難しい。」と、金田章裕氏。

２　粉谷里　※現　福井県

日本古代史地名辞典には、「『和名抄』によると、奈良平安期に越前国坂井郡十二郷の一つ高向郷《たかむく》があって天平神護二年（766年）十月二十一日の『越前国司解』（東南院文章／大日吉）によると、天平勝宝元年（749年）に『高向郷戸主品治郎公千国は、東大寺田となった田地を、誤って自己の墾田として、その名を付したので東南五条九粉谷里、十九坪、粉谷田上分南の二百歩を東大寺田に改正した。』」とある。また、「長岡京跡出土の米付札木簡に『高向郷戸主□□□戸□山富万呂□□米力□』『上人即富万呂延暦八年（789年）十一月四日』」という墨書がある。『延喜式』『神名帳』の坂郡に高向神社があり、遺称地としては、丸岡町と記されている。

その丸岡町とは、高向神社をポイントに北方向に4㎞の地点の坂井市丸岡町曽々木が、最も「粉」名に近いので遺称地であると考える。しかし、福井市日野川添いの隣接しあう、杉谷町《すぎたに》と清水杉谷町、片山町《かたやま》も比定地の候補にあげる。その理由とは、同県加賀市山中温泉小杉町《こすぎ》や、山中温泉杉水町《すぎみず》、九谷ダムにかかる日置大橋に囲まれた、山中温泉片谷《へぎたに》の「片」が「へぎ」と呼ばれていることで、福井市の片山町を「へぎやま」と考え、一帯の杉谷町と、清水杉谷町をふくみ、粉谷里の可能性も考えられるからである。

３　枌若里　※現　福井県

福井県史より小浜平野の条里について『若狭国中手西郷内検田地取帳案』に枌若里・黒田里・青墓里の記載がある。分布は現地図上からも名残の伺える地名が残る。黒田里は、上黒田・東黒田とみる。青墓里は麻生野であろうか。枌若里は枌が杉と変化したとみて、杉山であろうか。また若里が訛ったとして、安賀里であろうか。明確な地名としては見つからない。しかし『若狭国一宮の神田として「上下宮田地」が枌若里三里三十六坪に所在する』と記されていることにより、特別なる田地であったと思われる。

４　条里とは

条里制とは、古代律令国家による、土地開発整備で、一辺を、約１０９ｍの坪単位として南北に条、東西を里として、八世紀中期に完成されたが、中世・近世にも繰り返し再生されてきた。

大陸の都制に習った、土地区画法で史料的には天平七年の讃岐国山田郡の田図が古い記録とされ、条里遺構は屯倉《みくら》・国府《こくふ》・郡家《ぐんけ》の所在地と一致する。

現在でも明白にみられる跡は、畿内、瀬戸内、北九州地方、滋賀、岐阜、福井地域で部分的には、他の地域でも認められている。

(二) 御厨《みくりや》の「粉」

1 小粉御厨 ※現 静岡県焼津市 上小杉・下小杉

久授元年（1154年）と推定される官宣旨『兵範記』仁平四年（1154年）『夏巻裏書』によると、小杉御厨は駿河国で最初に成立した伊勢神宮領御厨である。

（御厨は主として供膳・供祭の魚介などを献納する元来供物と調達する屋舎をさしたがのち、その神領を意味するようになった。）

『神鳳抄』によると駿河国のころに「小粉御厨」の名がある。仁安四年（1169年）の『陽明文庫所蔵兵範記の夏巻裏文書』に「左弁官下駿河国応令国司早言上伊勢太神宮御領 小杉御厨擬収公細事」とある。

この頃、国司が当御厨を停廃し、国御領（役所）として収公しようとした。

文治元年（１１８５年）源頼朝が後白河法皇院宣により『吾妻鏡』文治元年十月十四日の条は遠江守であった安田義定に対し、当御厨の侵害停止を命じている。

観応二年（１３５１年）六月二十四日の足利尊氏『下文案』には遠江国小椙郷と記されている。

文亀二年（１５０２年）六月の恵順道者職売券によると小杉の里の檀那として岩本氏が確認出来る。

永禄八年（１５６５年）の記録に小杉米の名称の郷内の米がある。

「小粉御厨」の名は平安時代から鎌倉時代まであり、南北朝期から戦国時代には遠江国と認識されていた。

『駿河国新風土記』の目次には「小粉《こな》御厨」と印刷されているが、本文には「小粉御厨」となっているものの、著者は「いかに読むか『和名抄』にはクレとあるので、ヲクレと読むのか」と記されている。

『駿河記』上巻の附載向榛原十八村の地図に、志太郡と榛原郡に大井川をはさんだ三角地帯の二つの村に、上小杉村・下小杉村で遺称地とされる。

記録によれば１１８５年まで「小枌」であるが呼び方をクレというのはニレの間違いではないかと思え、後には草書の見間違えで杉となったのであろうか。

㈢ 文献より次々と

穴師神社の祭神が大国主神（他にも数々の異名有）で日吉大社も同じ祭神である点について調べてみると、その文献より驚くべき文字を発見するのである。

その大いに注目した記述について考察する。

それは日吉大社の『祝部広継記』の書き写し文であり、長文の為や、虫食い等で読みにくいが偶然「枌」の文字を目にしたのである。また、『出雲国風土記』『平家物語』『八幡宇佐御託宣集』『古記』『保元物語』等にも次々と発見をする。

日本の歴史文献より、年代的には明確に、７４９年から１１８４年におよび「枌」の文字は一連性をもって存在していた。更に現在にもその文字は変形しつつも必至に存在を誇示している様子がうかがえる。

1　日吉神社の「枌」そして三輪山

『祝部広継記』より

「当社大明神　三輪影向之時為　天神　云々……

則天神虚空　之儀也……　神勅曰、垂　我跡　之処　結　枌楡　宣為　其験　云々……

大如日輪現虚空……。」と、記されている。三輪山の「神杉」に日輪が降臨したように、日吉でも「枌楡」に関連して日輪が現われているが、虚空の日輪に化した天神は三輪の神である。という意。

その「枌楡」のルビにはニレノキと表記されていた。

日吉大社の項目も幾冊か調べてみてもはっきりと牛頭天王の活字は見当たらないのだが、『崇神紀』を調べると天照大神と倭大国魂神は、穴師坐兵主神社へと、移動している。穴師坐兵主神社の祭神は素盞嗚尊であることがわかる。

ここでは、日吉に「枌楡」が関連して（日輪＝天照＝三輪神＝素盞嗚尊＝牛頭天王）という図式が浮かびあがって来る。しかし、まだこの時点では「枌楡」が何のか、ニレノキという植物で神木でしかない。

2 『出雲国風土記』の「枌」

天平五年（733年）に成立した『出雲国風土記』には郡や郷の地名についての起源や、寺院、神社、道、駅、そして地形に関する特徴（海・山・河）の記もあり、動・植物の名称も詳しく調査されている点が他の風土記に比べ著しいのである。

底本として書写年代の明らかな写本の中で、最も古い『細川家本写』（1595年）を用いてさらにわかりやすい解説付きの研究書から「枌」と記されている部分は貴重な資料となる。

それは、スサノヲの御子伝説の色濃い神門郡と大原郡の山野の項に記されている。

神門郡

「田俣山。郡家の正南十九里なり。［梍・枌有り。］

長柄山。郡家の東南十九里なり。［梍・枌有り。］

吉栗山。郡家の西南廿八里なり。［梍・枌有り。謂はゆる天下造らしし大神の宮材を造る山なり。］……」

大原郡

「……須我山。郡家の東北一十九里一百八十歩なり。［檜・枌有り。］……」

とある。神社を造る為に特別に植林されていた、と考えられる。周辺には檜・杉・楡も存在し記録されているのに、特別な文字使いである点でも推測が成り立つ。だが「枌」のルビが「すぎ」となっている点は実に不可解である。

※『秋《あい》鹿《か》郡《ぐん》恵《え》曇《とも》郷調査報告書』より

島根県八束郡鹿島町の『秋鹿郡本郷村御検地帳』（１６６５年）によると、大字本郷の字には

「ひえ田（古墳があり現在も地名として残る）
ひえ田東のおく
ねれ木
にれ木屋敷余り

にれ木ノまへ屋敷余り
ねれ木ノ前より原田迄
にれ木ノおく
にれ木道廻り」
と「楡」を表示する地名が多くあった。

3　『平家物語』の「枌」と枌楡《ふんゆ》の砌《みぎり》

『平家物語』巻第五の富士川の章に、治承四年（1180年）九月二十二日、高倉上皇は子供で三歳になる安徳天皇に譲位して、仏門に入られた。三月に安芸国厳島神社へ御幸《みゆき》（おでまし）されて、しばらくは世の中がおさまっていたが、再び乱れ世門もさわがしくなったことと、自ら病を祈る為に、二度目の御幸となり御願文を書かれた。その文中に「……遂に枌楡の砌について、敬って清浄《しょうじょう》の席《むしろ》を展《の》べ、書写し奉る……」とある。

前後の文の要約は「私は凡庸な身であって、もったいなくも天皇の位についたが今は老子の教えのままにつつましくも暮らして、院の御所で閑居を楽しむが、先日、社に参詣し、神の恩を仰ぎ、神託（おつげ）を下され、肝に銘じているが、医術の効果が現われない。やはり神のお告げがあたっていると修行することが良いと考え、ついに楡の木の茂る神社の庭で、うやうやしく書写し奉る。二度、厳島神社に来たということは、深い縁があると悟った。前例で、後白河法皇が初めて参詣された志を院として受け継いで来たので、どうか真心こめた祈りにお恵みください。」

という文面である。1180年当時の厳島神社には、楡の木が多く茂っていた証明と「楡」文字ではなく、中国からの直輸入の「枌楡」で示されている。

発音は「にれ」ではなく、原語に近いことがうかがわれる。

4 『国巻四　∴八幡宇佐宮御託宣集』の「枌」

『三所宝殿以下の事』の後半に

「大帯姫託宣。

吾波枌手御在所土定女。

八幡波松於所居土定女絡布。
此事人不知須者。」

注釈（重松明久氏による）
「大帯姫託宣したまふ。
吾は枌《にれ》を御在所《みましどころ》と定め
八幡は松を所《いどころ》と定め給ふ。
此の事は人知らずへり」

直訳
「大帯姫《おおたらしひめ》に神がのりうつり、お告げされる
私は枌をよりどころとし
応神は、松をよりどころとしなさい。
この話は人に知られていない。」

大帯姫とは、第十四代仲哀《ちゅうあい》天皇の皇后で第十五代応神《おうじん》天皇の母堂である、神功《じんぐう》皇后の事。皇后は『古事記・日本書紀』の神話の女神で、名の意味は幡を垂らして神を呼ぶことに因んだ元々の名前とみられる。別名、息長足姫尊《おきながたらしひめのみこと》・息長帯比売命《おきながたらしひめのみこと》と呼ばれ、卑弥呼とも、倭女王にも擬《なぞら》えられている。

天皇の出自の神聖化の為の物語とみられている。しかし、神の付く第一代神武《じんむ》天皇・第二代崇神《すじん》天皇、そして応神《おおじん》天皇以外に皇后に付けられたのは、偉大な功績によるものと考えられる。

しらぎの戦いの後に帰国した際、耶馬渓宮園の雲八幡神社に寄り、福岡県と大分県の境の高祖《たかす》神社を創建したという伝えもある。

他に香春神社等、鉱山開発産鉄技術団の、共同神となる。

古代近江の息長氏は応神天皇の孫のオホホト王の子孫。又、ヤマトタケルの子の息長田別王など近江との関係は深い。

5 『吉記《きつき》』の枌社《ふんしゃ》

『枌社フンシャ・ブンシャ。枌楡社と同じ。吉記 寿永三年(1184年)四月一日崇徳院御枌社、毎事未定』とある。

『吉記』とは平安時代末期の公家、吉田経房(1142年~1200年)の日記。経房は勧修寺流藤原氏権右中弁藤原光房の子で、京都の東郊吉田に別邸を建てたので「吉田権中納言」と呼ばれ、吉田家の祖となった。『吉記』は、吉田の姓から後の人が経房の日記を呼んだ称。別に経房の官であった民部卿の唐名・戸部から『吉戸記(きっこき)』と呼ばれることもある。他にも『吉御記』『吉大記』ともいう。

仁安元年(1166年)から建久四年(1193年)まで28年分が記録されていたといううが、原本は現存せず、写本(ほとんどは子孫の甘露寺親長の蒐集した書写)や他の書に引用された佚文を合わせても、断続的に13年分が残るのみとなっている。朝廷の儀式・典礼などに関する記事が詳しく、貴重な資料である。

日本国内において、平安末期に中国高祖の枌楡社《ふんゆしゃ》が、祀られていた事実がこの日記により判明したのである。

6　『保元物語《ほうげんものがたり》』の枌楡《ふんゆ》の居《きょ》

第77代天皇の後白河《ごしらかわ》天皇が在位したことが保元の乱の動機となり、その顛末を描いた軍記物で承久年間（1219年〜1221年）頃にと伝えられているが著者は不詳。

下巻　第十八章

「我は、昔の神の子孫として天子の位につて、太上《だいじょう》天皇の称号をうけたまわって、枌楡の居に身を置く。先の鳥羽院の御在中であり、政治はまかせてもらえないが、長く仙洞で楽しく過ごせた……」とあり、他者から見ると

「新院になったばかりの崇徳《すとく》天皇は造営された御所で、日に三度の食事の世話の他に、人も訪れることのない四方に築垣を築いた、ただ一箇所に出入り口を開いた所に居た。」と書かれている。この築垣の植物がニレで霊意の空間であったことがうかがわれる。「枌楡の居」が、後に「仙洞《せんとう》」と呼ばれ、上皇の御所で皇居と別に設けられたもの後に転じて上皇の称で「院」とも呼ばれた。平城宮に始まり京都御所の東南に旧院として伝えられて

いる。「枌楡の居」は、中国高祖の枌楡社《ふんゆしゃ》のなごりとみる。

第四章　神社に眠る「枌」の謎

㈠　枌にまつわる神社・再考

苗字が地名から発生し、その集合体には必ず神社が存在していた。

私がこれまで資料・史料から探し出した「枌」に関連性のある現存の神社は、直接名称として「杉」に変化したものの「枌」の名の記録が残る。杉（枌）山神社・神杉（枌）伊豆牟比咩神社・諸杉（枌）神社・杉（枌）末神社。祭神として祀る鵜甘神社。神木として祀った、日吉大社・宇佐八幡宮。植物名としてではあるが、特別な庭・場所の意のある厳島神社。

その他にも「枌」地名の起源にかかわったと思われる穴師神社と埼玉県児玉郡・静岡県・大分県中津市周辺に鎮座する神社等の記録から共通点と特色を考察する。

大国魂神社《おおくにたま》　東京都府中市宮町に鎮座

武蔵国総社と知られ、武蔵一の宮から六の宮までを合祀していることから、「六所宮」「六所明神」とも呼ばれた。その理由として、古くは総社であったが国司の勢力が総社を衰えさせ、六所宮となった時期は平安時代後期か、鎌倉時代の初頭。神話の神、大国御魂神で大年神の御子神。何々国の御魂で国土全体を表わした神を祭神として祀る。

東殿　一の宮…小野大神（東京都多摩市一の宮　小野神社）
　　　二の宮…小河大神（　〃　秋川市二の宮　小河神社）
　　　三の宮…氷川大神（埼玉県大宮市　氷川神社）

中殿　御霊大神
　　　大国魂大神
　　　国内諸大神

西殿　四の宮…秩父大神（埼玉県秩父市　秩父神社）
　　　五の宮…金佐奈大神（　〃　神川村　金鑚神社）
　　　六の宮…杉山大神（横浜市緑区　杉山神社）

大国魂神社（府中市宮町）

金鑽《かなさな》神社　埼玉県児玉郡神川町二宮に鎮座

標高約300mの御室山を神体山として、大和の大神神社同様に本殿は無い。秩父山脈の一峰で、付近からは鉄・マンガン・銅などを産出する。金属の砂、すなわち「金砂」の神を祀った神社。『延喜式』『神名帳』によると武蔵国児玉郡一座として「金佐奈神社大明神」とあり、金はカナ、又はカネと訓む。『三代実録』貞観四年（862年）六月四日の条に「武蔵国正六位上金佐奈神を宮社に列す」とあり、同8月6日の条には「従五位下を授けられた。」とあり氷川神社に次いで武蔵国二の宮とされていた。『新編武蔵風土記稿』によると「神体金山彦尊、或ハ素戔嗚命トモ云ウ」とある。「神木」は周囲ニ丈、樹齢七百年の大欅（おおけやき）。隣接して旧別当寺の天台宗　光照寺があり、金鑽山一乗院、通称元山大師といわれ、古くは金鑽寺とも呼ばれていた。天台密教の元三大太師良源（912年〜985年）が来訪した寺である。

甀𦼮《みか》神社　埼玉県児玉郡美里町広木1に鎮座

祭神：櫛御気野命《くしみけぬのみこと》　櫛𤭖玉命《くしみかたまのみこと》

末社には天王社で牛頭天王を祀る。

創立年代は不詳であるが醍醐天皇の延喜式神名帳に登録されている古社。

社名の「みか」とは酒を造るために用いた大きな甕（かめ）のこと。現在当社に御神宝とされていたと思われる、土師器のミカが四個保存されている。旧那珂郡の総鎮守として、諸人の崇敬極めて厚い社であった。

『出雲風土記』の秋鹿郡の池と海の項に「瓺」という文字が見られるが、当社は左右が逆になっている。

歴史的文献の、甕主日子神については大国主神の四世の孫で、父は速甕之多気佐波夜遅奴美神。母は天之甕主神の前玉比売。淤加美神の女比那良志毘売と婚して多比理岐志麻流美神を生む。外祖父の天之甕主神に対して、地上の甕、神事用の水や酒を入れる器を司る神とされる。瓺玉命は、大山津見命の裔神と推定。伊豆国那賀郡に瓺玉神社が有る。

北向《きたむき》神社　埼玉県児玉郡美里町古郡に鎮座
祭神…大巳貴命・素盞嗚命《すさのをのみこと》・少名彦命《すくなひこのみこと》
創建…不詳
平安時代の貞享五年（1688年）の北十条慶昌寺薬師堂の縁起の奥書に「延暦の昔、

北向神社（児玉郡美里町古都）

北向神社（児玉郡美里町古都）

坂上田村麻呂将軍が上州赤城明神の本地仏薬師如来に祈誓して、身馴川十丈淵の大蛇退治をした後、古郡・阿那志・北十条・沼上・小茂田の五ヶ村に明神を勧請し、同時に古郡・阿那志・北十条・沼上の四ヶ村に、薬師を安置した。」と、伝承されている。この五社の明神はいずれも赤城の方向、つまり北向きに建てられているので北向神社と称している。

楡山神社《にれやま》　埼玉県深谷市原郷336に鎮座
祭神…伊邪那美命《いざなみのみこと》、伊邪那岐命《いざなぎのみこと》
末社には知々夫神社、伊奈利神社、八阪神社、大雷神社、手長神社、大物主神社、天満天神社、荒神社、招魂神社。
創建…平安時代。『延喜式神名帳』に「武蔵国幡羅郡四座」の一社とし朝廷より弊帛を賜った古社。
神木…楡（ハルニレ）楡の木が茂っていたことにより社名となる。樹齢600年と推定された古木は、昭和二十四年二月二十二日に埼玉県指定天然記念物とされたが、現在は倒れて枯れた根元が祀られている。
「いち人や、神の姿ににれ山の、入らずの森は奥処（おくが）知らずも」と歌われ、数

楡山神社（深谷市原郷）

楡山神社の神木（深谷市原郷）

十年前までは「里人不入の地」で神聖な森であったといわれる。

日吉《ひえ》大社　滋賀県大津市坂本町に鎮座

祭神…『古事記』より　大山咋大神を東本宮で祀り、大巳貴大神を天智天皇が大津遷都の時に、大和の三輪の神を西本宮に勧請して合祀した。

全国3800社を数える日吉（日枝）神社の本社で、古来より日枝山はヒエと訓まれ、日吉も古訓はヒエであった。また、奈良時代には「稗叡」と「日枝」を当てていたとある。近江国の一の宮。

神代の昔から、比叡山に鎮座した地主神であり、平安時代に入り最澄が天台宗の根本道場として、延暦寺を開き、山王権現と称される。（祭神の大巳貴命は大国主命とも呼ばれ、異名が多い。須佐之男尊の御子とも、六世・七世の孫とも様々の説がある。出雲神話の神）山岳修行の聖地で深山、幽谷の難行苦行、山林荒野の脱俗修行場といわれる。

鎌倉時代中期に入ると、カミ・ホトケの習合、つまり日吉大社の信仰と天台宗の教義の結合が全国に広まっていく。また山王権現の神使は猿とされ、猿から申で庚申信仰の本拠地でもある。

日吉神社（大津市坂本）

穴師《あなし》神社　奈良県桜井市穴師町に鎮座

「穴師坐兵主神社」と「穴師大兵主神社」と「巻向坐若御魂神社」の三社を合祀した総称。かつては上下の二社に分かれ、上社が弓月《ゆつき》（斎槻《ゆつき》）岳に鎮座して「穴師坐神社」と呼ばれ、下社が現在地にあって「穴師兵主神社」であったが、上社は応仁の乱（１４６７年～１４７７年）で焼失して、神体を下社に遷し、その時に「巻向社」を合祀したと伝えられる。

『大倭社注進状裏書』に次のように記されている。

『穴師神社　社伝曰く　下社　天鈿女命なり　神躰は鈴之矛なり　両社供神躰は矛となす。故　兵主神と言ふ。また　天鈿女命　初めて笛を作り之を吹く　其鎮座之地　すなわち　穴師と言う。』

とあり、穴師の地名説話を載せている。

「兵主の神」の「兵主」とは漢の高祖が兵を挙げた時、蚩尤《しゆう》を祀って勝利を祈ったことに由来するものである。兵主神は伝説として「砂と石、鉄石を食べていた」とあることから、鉄に関わる氏族が祀られていたと考え「武器製造の神」ということになろう。（蚩尤

は後に五月の鍾馗として普及）

他の所在地は、滋賀県、京都府、兵庫県、鳥取県に集中している。これの地は「天日槍矛」伝承が残り、出雲地域の鉄製煉技術を持った穴師・穴磯部集団からの由来と考え、八千矛神・大巳貴尊・葦原色男神・大物主神と異名の多い、大国主神を祀っていると考えられる。

熊野三山

本宮…熊野本宮大社（熊野坐神社）和歌山県田辺市本宮町本宮に鎮座

祭神…家都御子神（素盞嗚尊の別名）又、伊弉冉尊とも素盞嗚尊の御子、五十猛命とも。説は定かではない。

本地仏…阿弥陀如来

新宮…熊野速玉大社（熊野速玉神社）和歌山県新宮市新宮に鎮座。

祭神…伊弉諾《いざなぎ》・伊弉冉《いざなみ》、二尊の御子の熊野速玉大神

本拠仏…千手観音

神木…平重盛がお手植えの伝承があるナギ

熊野那智大社（熊野那智神社）和歌山県東牟婁郡那智勝浦町に鎮座

祭神…熊野夫須美大神《くまのふすみのおおかみ》（素盞嗚尊の御子、熊野久須毘命、又は熊野櫲樟日命、伊弉諾・伊弉冉、二尊の御子の事解男命とも伊弉冉尊とも説がある）

本地仏…薬師如来

この三つの神社を総称して、熊野三山、又は熊野三所（社）権現と呼ぶ。「くま」とは「かみ」と同じ意味を持つ言葉。熊野の神は「イチイの木に降臨された」と伝えられる。

平安前期天台修験の一大本拠をなし、聖地化され、その信仰は応徳三年（１０８６年）の院政時代から中世を通じ、白河・鳥羽・後白河上皇を中心に貴族を始め、鎌倉以降は武士・庶民に普及した。熊野三山で配布された神使の八咫烏デザインの刷られた牛王宝印は最も有名である。

厳島《いつくしま》神社　広島県廿日市市宮島町に鎮座

祭神…本殿　市杵島姫命《いちきしまひめのみこと》、田心姫命《たごころひめのみこと》、湍津姫命《たぎつひめのみこと》

相殿　天照大神、国常立尊《くにとこたちのみこと》、素盞嗚尊
創建…推古天皇元年593年。宗像三神が出現し、島の住人の大豪族、佐伯鞍職《さえきくらもと》が神託によって宮殿を設立。佐伯家が神主をつとめた。
厳島の名の語源は、古名が「伊都伎（岐）島」で表示をされているところから「斎き島」神霊を斎き奉るという意味から出たとされる。
平清盛が安芸国の守護職に任ぜられたとき、厳島神社を崇敬し平家一門の繁栄を築いた。その後、平家滅亡後は源頼朝により神主が藤原家に替えられたが、厳島大明神はそのまま継承される。

英彦山神宮《ひこさん》　福岡県田川郡添田町英彦山に鎮座
祭神…天忍穂耳尊《あまのおしほみみのみこと》（天忍骨尊）。天照大神の子神を祀る。
創建…崇神天皇七年
社伝によると「皇祖天忍骨尊が、天降った霊地」である為、日子の山と名付けられた、英彦山に鎮座する。「松会祭礼絵巻」（1715年）に、赤色・青色の「王鼻」の場面には神殿の隅に、二本の鉾が立てかけられ「鼻高」という仮面の祭が描かれている。その形式は日吉大社の山王祭と同じである。

開山の祖については、530年頃の大陸からの個人の修行僧によるものであった。その後、永く荒廃していたものの、弘仁一〇年（819年）に苦行修行を耐えた法蓮が、嵯峨天皇より「比叡山に準じ三千の衆従をおいて、天台の学を学ぶよう。」との勅命を承ったのである。そして彦山中興の祖と呼ばれた。建保元年（1213年）の記録によれば、彦山を中心に東に大分県下毛郡山国町（現、中津市耶馬渓町）付近から南に日田の壁野、西に福岡県甘木市江川、北に福岡県京都《みやこ》郡倉持山と、直径27㎞の範囲を弥勒浄土に見立てられ、その規模は充実したものとなり『修験道要秘決集』『三峰相承法則密記』なる「彦山流」の修験道儀軌が完成し、各地の山々に修験者を広める役割を担い、三千もの一派をなした。

室町期に戦乱になり、中世、彦山は終焉を迎えたのだが、根強い布教活動により「松会」には七、八万人の参詣者の記録が残るほど盛況であったという。

明治期の神仏分離令により、修験道は廃止となり、英彦山大権現は、英彦山神宮になる。

薦《こも》神社　大分県中津市に鎮座
創建…承和年間（８３４年～８４７年）
神木…楠
宇佐八幡宮の祖社（元社）薦＝葦＝茅
中国後漢の王充《おうじゅう》撰『論衡《ろんこう》』に門神としての神荼《しんと》と鬱塁《うつりつ》が鬼神達の人間社会への出入りを封じる為に「葦の索（縄）」で縛り上げ虎に食べさせるという伝説がある。（始めに縄で悪を縛り、川に流す行事であったものが、その起源を忘れられ「茅の輪」くぐりすることによってお祓いの儀式と変化してきた。）

六所《ろくしょ》神社（枌一族の斎う神社）　大分県中津市本耶馬渓町大字今行字宮の上に鎮座。
祭神…大照大神・応神天皇・天児屋根命・素盞嗚尊・高霊龍神・木花咲邪姫・闇霊龍神・闇水波象命・小一郎霊・崇徳天皇・事代主命
神木…イチイカシ
由緒…延元四年（１３３９年・南朝年号）三月、大樫の下に小祠を建て干ばつに対する祈雨祭を行い、二十一日間昼夜の別なく、氏子総出で雨乞いをした所、満願の日に果して

薦神社本殿（中津市）

薦神社・三角池の鳥居（中津市）

大雨が降り祈祷が成就した。その後に下屋形字今追・字田中・大字今行宮の奥・字原井、等より神々を合祀された。

六所《ろくしょ》神社とは

大宝元年（701年）の令制で国の規模は畿内・七道の制となり、国の数は天長元年（824年）に六十六国二島（壱岐・対馬）延喜式で表六十八国となった。

その一国に一社、社格、神位、信仰、勢力の著しい神社で最も重要視された神社を一の宮と称した。

多くの神社の祭神を一ヶ所に総合して勧請した社を総社という。一国の総社、郡、郷の総社、寺院の総社、私人の屋敷の総社などがあり、一国の総社は国司が国内神祇を巡拝する代わりに設けたものといわれ、平安末期頃には一般化して一の宮と共に地方の神社の中心として崇敬されていた。

総社、総社神社、総神社、総社宮、惣社八幡神社と呼ばれる他に、総社としての六所神社がある。

相模国（現、神奈川県大磯町）下総国（現、千葉県市川市）出羽国（現、山形県藤島

町）出雲国（現、島根県松江市）武蔵国（現、東京都府中市の大国魂神社は、元は六所神社と呼ばれていた）

六とは数字を表わしているのではなく、キロクという意味があると考えられている。

この格の高い六所神社の所在は、静岡県の白鬚（髭）神社が安倍川流域に集中する状況と同様に、浜名湖より北方と天竜川の河口から上流に北上する流域に多く集中しているのが不可思議である。

祭神は、住吉三神を祀る神社が多く、航海・漁業の守護神である。

静岡県の六所神社・六所大明神・六社神社

浜松市東区に四社鎮座…白鳥町・天龍川町・恒武町・中野町

南区に六社鎮座…青屋町・瓜内町・大塚町・小沢渡町・堤町・揚子町

北区に八社鎮座…引佐町奥山（六所大明神）・引佐町狩宿・引佐町渋川・引佐町白岩・引佐町田沢・引佐町谷沢・引佐町兎荷・引佐町栃窪

天竜区に八社鎮座…阿寺・石神・大栗安・上野・熊に二社・只来・懐山

浜北区に四社鎮座…根堅・堀谷・本沢合・宮口

磐田市に　五社鎮座…大平・笠梅・鎌田・小島・豊浜中野
袋井市に　一社鎮座…鷲巣
掛川市に　二社鎮座…徳泉・遊家
藤枝市に　一社鎮座…岡部町新舟、あるいは岡部町殿（六社神社）
合計　三十九社

地図にから検索したので、記入漏れや、他の神社と合祀されている場合もある。
引佐町奥山の「六所大明神」について『静岡県神社志』から抜粋すると、六所神社の特色が明らかになる。

祭神…底津綿津見神《そこつわたつみのかみ》・中津綿津見神《なかつわたつみのかみ》・表津綿津見神《おもてつわたつみのかみ》・底筒男命・中筒男命・表筒男命

由緒…承応三年（１６５４年）八月二十八日　神宮野沢興平太夫を始め、拾蔵、権助、権七郎、久蔵、五郎佐衛門、甚六の諸氏発起人となり建立。

浜北区宮口の「六所神社」は社伝によると、式内麁玉郡多賀神社で、元　六所大明神と称したとある。境内社として神明宮・春日神社・若宮八幡宮・吉池神社・水神社・秋葉神社・大山祇神社・稲荷神社・池鯉鮒神社、とまさに総社としての神社形態を表わしている。

六所神社本殿（中津市）

六所神社神楽殿（中津市）

(二) カギを握る白鬚神社・白髭神社

これまで「粉」について、我が国における地名の分布と古代まで遡る、古い神社、その神事などの関係性を調べてきたなかで、新たに、白鬚（髭）神社の存在が、それまでの疑問を解く、重要なカギであった、というところに辿り着くのである。

白鬚神社・白髭神社は全国に広く分布するが、その起源は、明らかではない。そこには、祭神として猿田彦命が祀られている。

白鬚は顎ヒゲを、白髭は口ヒゲで、同じシラヒゲ神社とされている。元は白鬚明神・白鬚神社であったが、なぜか、今は白髭神社と記されている神社がほとんどである。本社のある滋賀県は地図帳からは三社であるが、中部地方の岐阜県・静岡県は突出してして多く、関東では、埼玉県に多いと『神社名鑑』に記載がある。埼玉県について現在の所在は地図帳において消滅したのか、あるいは、合祀されているのか、少ないのが実状ではある。しかしながら、これらの県を調べることによりシラヒゲの特色が浮かび上がる。

シラヒゲという名称からイメージして、白い髭の生えた翁神と伝える、よくある話だが、この由来について、寒川辰清氏は、否定している。

埼玉県高麗神社の祭神も白髭神とされ、朝鮮渡来人の神として高麗王、若光の髪と髭が白かったので名付いた説。

新羅国のシラとして白の付く神社は、新羅国《シラギ》の社《やしろ》という説がある。

白と付く神社はすべて朝鮮系というのは本当なのか、この説に柳田國男氏は『古来より、白髭水伝説が日本各地に多く、水辺の地に祀られていることから、「水の神」と考えられる。』と説く。

確かに、琵琶湖や海岸沿い、静岡県安倍川流域、東京都向島の白髭神社も本社より勧請され、川沿いに鎮座する。静岡県清水区蛇塚の白髭大明神のある地域のお年寄りは「白髭さんはお蛇さんだ。」と話されている。蛇は水神として祀られている。柳田説と符合する。

この蛇塚の西に数百メートルに久能山《くのうざん》があり、久能寺を開いたのは「秦」姓の人々で、「安倍川流域には、その子孫が大いに活躍し栄えた」と伝えられる。白髭神社は秦一族の信仰の神であったとは、考えられないだろうか。

1　大陸から来たシラヒゲ

秦の始皇帝時代に「前２１９年（弥生前期）徐福は数千人の童男、童女を伴い、不死薬を探しに大陸より海を渡り、東の島に辿り着き、居付いて王となり帰ってこなかった。」という司馬遷の『史記』に記録があり、近年の中国側の研究によると徐福は実在した人物。これらの史料から、秦姓《はた》はシンとも訓み、今の甘粛・陝西省地方の古い時代の国名である。「伝承地は、佐賀・三重・熊野・山梨・京都・秋田・青森などで、これらの地は鉱物資源地、農耕、養蚕、機織技術等の文化伝来地。また植樹した。」という記録もある。

白鬚神社の本社の所在地である比良山ふもとの、高島町鵜川は日吉大社の約８ｋｍ北北西に位置している。同地に比叡山延暦寺があり、天台宗開祖である最澄は７６７年坂本の地に誕生した。彼の祖先は後漢考献帝の末裔で、三国志の時代に中国大陸より亡命したらしい、考献帝の孫の登万貴王の一族達は、漢氏の集団と共に、応神天皇の時代に帰化し、その多くは琵琶湖の湖畔に住居を構えた。その後、登万貴王は地方小豪族として首《おびと》の姓《かばね》を賜った。

三国志の時代、黄巾の乱以後２１８年ごろから、後漢の人々が大陸から移住して来たと考えられ、やがて古代豪族中、最大の規模と繁栄をみた。
よって、白髭明神も日吉大社も、開かれた初期には秦氏や漢氏の信仰の神であったと考えられる。同じ大陸での信仰の神であったと考えられる。また、中国の古代の学術・技術・文化・道教などの教えも含まれていたと思われる。中国文化の思想的信仰が琵琶湖の湖畔からも波及拡散して行ったものと考える。
続いて、白鬚（髭）神社の本社と、その他に顕著に神社数の多い県、及び、「粉」と関連性がうかがわれる神社について記すとする。

本社　滋賀県高島町鵜川２１４番地に鎮座

（祭神）…猿田彦命

（創建）…垂仁天皇二十五年と伝えられる。

垂仁天皇は神武天皇に始まり十一代目天皇である。

全国的に分布する白鬚（髭）神社の本社とされ、延命・長寿の神として有名である。『三代実録』貞観七年（８６５年）正月十八日条に「授近江国無位比良神従四位下」とあり、白鬚明神・比良大明神とも称せらる。湖中の鳥居により近畿の厳島ともよばれ、当地付近に多かった渡来人が祖神を祀ったものといわれる。
本殿は慶長八年（１６０３年）豊臣秀頼の命により、片桐且元が奉行となって造立、桃山時代の特徴を残し、国指定の重要文化財。本殿背後に古墳が祀られ、山頂には磐座がある。

滋賀県には現在この他に二社の白鬚神社が地図帳より見うけられる。
日野町蓮花寺に鎮座
長浜市湖北町今西に鎮座

２　各地の白髭神社

静岡県　※道路地図帳より（あいうえお順）

静岡市葵区に三十一社鎮座

相渕・相俣・有東木・大沢・大間・奥仙俣・落合１２７番地・落合８６９番地・籠上・上足洗・上落合・上伝馬町・桂山・崩野・口仙俣・腰越・新伝馬・千代・俵峯・長熊・長妻田・中沢・中ノ郷・中平・日向・平野・松富・松野・諸小沢・谷津・油山

清水区に十一社鎮座
石川本町・今泉・入江・興津東町・北脇・清地・楠・茂野島・高山・蛇塚（白鬚大明神）・和田島
駿河区に一社鎮座
下島
掛川市に一社鎮座
下垂木
沼津市に一社鎮座
獅小浜
藤枝市に二社鎮座
内瀬戸・横内
周智郡森町に一社鎮座
三蔵（白鬚神社）

特徴として安倍川流域・支流域と藁科川流域を支流域に集中して多く、地元の人々に

白髭神社（静岡市葵区上足洗）

白髭大明神（静岡市清水区蛇塚）

「白髭さん」と呼ばれている。
『静岡県神社志』（昭和16年刊）によると、県内に九十六社、その内、静岡市安倍郡で六十五社であった。と記されている。現在、静岡県道路地図上で調べた所、合計四十八社である。また『神社名鑑』で白鬚神社とあるが、ほとんど白髭神社と表記されていた。

埼玉県　八社鎮座

川越市大袋２５８番地
川越市豊田本町１２１２番地
川越市吉田１９２番地
狭山市大谷沢
飯能市落合２４３‐２番地
寄居町折原４６９番地
寄居町金尾２５６‐１番地
寄居町三品

『神社名鑑』より埼玉便利情報地図と照合し現存する神社はきわめて少ない。また名鑑での白鬚神社が現在の地図上の住所にはほとんど見当たらない。八社は白髭神社である。

福井県　四社鎮座
福井市勝見2-1
あわら市波松
南条郡南越前合波3
南条郡南越前今庄宮下

石川県　一社鎮座
羽咋郡志賀町入釜

香川県　二社鎮座
綾歌郡綾川町枌所西926
多度郡多度津町本通1、10

島根県　一社鎮座
松江市古會志町
現、許會志神は、元、白髭大明神であった。
（祭神）…猿田彦
『出雲風土記』の恵曇の地に「枌楡」の記があり、古會志町は近くである。

福岡県　一社鎮座
福岡市西区能古島
（祭神）…住吉三神・志賀三神・神功皇后・猿田彦

大分県　四社鎮座
中津市大新田大通りより北741番地
中津市山国町中摩字前田669番地（雨宮神社は、元、白髭神社といわれている。）
杵築市山香広瀬二ノ尾
九重町後野上1717

千葉県　一社鎮座

松戸市日暮5丁目226番地

祭神…猿田彦命

創建の記…「承平五年（935年）平将門が伯父、平国香を殺し、関八州を平定する戦いで、多くの武士を亡くしました。その慰霊と怨霊封じを期して、慈恵大師は下総国日暮村に、貴賎尊卑の別なく幅広く住民の為に正しい方位を示され、人を正しく導く事が叶う猿田彦命をお祀りしたのが始まりです」

この白髭神社には多くの小社も祀られている。さらに大杉神社も合祀され、その由緒書きには

「大杉神社には神代の昔、大物主櫛甕玉大神さまの御神霊とともに、自らこの地に御鎮まりあそばされた尊い神社であります……この地、日暮村にも疫病が流行し、大杉神社の御神霊をいただき御神輿を渡御しするようになりました。」とある。

白髭神社（松戸市日暮）

※番外

奈良県

吉野郡川上村枌尾の東方3㎞先に、白鬚岳（1378.2m）がそびえる。

3　シラヒゲの祭神・猿田彦

白鬚大明神・比良明神・白髭神社の祭神が猿田彦神とされていることで猿田彦とは、どの様な神であるのか。『古事記』によると、「天孫の降臨の先導する道案内の神」とある。「サルタ・サルダの由来は琉球語のサルダの転訛で先導の意という説。神々を先導するものをミサキともいう事から、佐田岬のサダにも通ずる。」という説がある。

猿田彦と結びつきのある庚申について、川口譲二氏の説によると「中国の風習が我が国の貴族社会で信仰された。庚申の本体が何か判然とはしないが、道教や仏教の複合とみる。庚申の申はサルとも読み、日吉山王七社の神使《みさきがみ》も猿であり、庚申の本源は比叡山の守護神、日吉神社で猿田彦神と結びつくのである。」

第五章　なぜ「へぎ」と読む

(一)　辟木《へき》と「枌」

神道における祭礼のひとつに大殿祭《おおとのほがい》がある。

その祝詞に

「……屋船久久遅命……是木霊也、……屋船豊宇気姫命登、……是稲霊也、俗詞宇賀能美多麻、今世産屋以辟木・束稲、置於戸邊、乃以米散屋中類也、……」

「……やふねくくちのみこと……これはきのみたまなり、……やふねとようけひめのみこと、……これはいねのみたまなり、よのことばうがのみたま、いまのよ　うぶやに　へき・つかいねをもちて　とのあたりにおき、すなわちへやのなかにまくたぐいなり……」

この神事に使用される辟木は、長い棒・高い木を表わし、神木のようなものであったと考える。この「産屋に辟木云々……」は、堀田吉雄氏の調査による三重県熊野市神川町神上の流れ谷地域の出産の古い風習である「オビヤバシラ」に類似している。その儀式は「松・樫・榊・杉・などを産婦の部屋の隅に立て、これに「へぎ」という名の板を何枚か使用し、屋根型に取り付け、注連縄も付けた。」と記録されている。

この「へぎ」という言葉は三重県熊野の方言に、かき餅をへぎもちと言うのと同じく削り取る動作の「へぐ」で木を薄く削った板をさす。「飛騨高山地域では『へぐ』ことを『批《ひ》く』といい、榑批鉈《くれひなた》で削った板を『くれへぎ』と呼ぶ。埼玉県比企郡では、薄い経木《きょうぎ》を「批木《ひき》」という名前で食品を包む。現在この地域の人々は訛って「ヒゲ」と呼び、群馬、静岡では『へぎ』と呼ぶ。この薄い経木の元は、経文を書く為の経木である。」と、田中信清氏の説。

古代より木に神が依りつくことを、姿・呼び方を多少変化しつつも各地に伝承して来たのであろう。

久久遅命（久久能智神）とは木材の守護神。

宇賀能美多麻とは、宇迦之御魂神、倉稲魂命《うがのみたまのみこと》と記紀神話の神であり須佐之男命の御子としている。稲の精霊神であるが、宇賀神とも同一神という説もある。宇賀神は白蛇を祀る神、白蛇は水の神である。

㈡「へぎ」の名の容器

猿田彦神を祀る神事から「へぎ」という名の容器の存在を知ることとなる。様々な神饌を納める容器として数多くの神社において使用例が多い材は、スギ及びヒノキがほとんどをしめている。

素朴な神事は格式にこだわらず必要不可欠な容器として伝承されて来ている。木で作られた物の名称である点において意味深いのである。この材の原点は経木であるという。

田中信清氏によると、経木とは仏教の教文を書いた木という。推古天皇593年以前の記録材料は、薄いへぎ板が用いられていて、へぎ板は経木の原点なのである。

そしてへぎ板とは『大言海』に「杉又桧ノ材ヲ一尺余ニ伐リ、刀ニテ甚ダ薄ク折ギテ割リタル板、鉋ニテ削ラズ屋ヲ掩フニ用イルヲ葺板、木羽板、コケラナドト云フ。略シテ折（へぎ）・枌（そぎ）榑」とある。『貞丈雑記』七膳部に「ヘギト云フハ、板ヲ、ウスクヘギタルママ、ケズラズニ作リタル、折敷《おしき》をヲ云フ」とある。へぎ板は次の品々の材料とし

て使用された。（田中信清氏による）
・木簡《もっかん》…紙が貴重品であった上古、官庁間への連絡用。
・折敷《おしき》…板を折り曲げて四角な縁を作り底をつけた浅い盆地で、我国最初の食膳。
・折櫃《おりびつ》…大きさは一定でなく、足無し、足付があり、餅・菓子・花を飾る器・蓋がある。
　四角・六角形等。
・衝重《ついがさね》…食器台として使用。現在の三方・四方等
・曲物《まげもの》…へぎ板を木目にそって円形・長方形に曲げサクラやカバの木の皮で綴じ底をつけた容器。現在の曲げわっぱに繋がる。

そして素朴な神事とは「オコナイ」と俗称されている民俗信仰の祭祀行事のことである。五穀豊穣を祈願するもので、近畿・北陸・東海地方に広く分布している。

しかし、儀式等に統一感がないという。滋賀県の坂田・東浅井・伊香・甲賀に最も多く、本来は「精進潔斎する」「祈祷する」といった意味の古語で「神事」ともよばれている。

鏡餅・注連縄・護符が用いられる。

㈢　神饌《しんせん》と神社と「へぎ」

1　オコナイ神事《しんじ》や直会《なおらい》（供物の下がりを分けて食す宴会）

大皇神社《おおきみじんじゃ》　滋賀県近江市君ヶ畑町に鎮座

俎据《まなす》えの神事

マナとは真魚で真の肴である。これを「へぎ」で造った「カイシキ」という円型の器に盛られる。

老杉神社《おいすぎじんじゃ》　滋賀県草津市下笠町に鎮座

オコナイ

素戔嗚命と稲田姫を祀る。大規模な行事として伝わる。神饌の種類も豊富で特色がある。鏡餅を大きな「へぎ」に直径25㎝の藁の輪を、白紙で巻いた台を敷きのせる。「へぎ」の型はおおよそ四角形で、四角が小さく削られた型で変形八角形である。盆形。

天皇神社　滋賀県大津市和邇に鎮座

和邇祭り《わにまつり》

日吉神社の末社。神饌用の食品等を盛る為の器として十三枚の「へぎ」が用意される。四角の四角は丸い形の盆型。

熊野速玉大社　神馬渡御式（県指定無形民俗文化財）

提定の大祭において、本社の神霊を神馬に遷して、出門し新飯山山麓のお旅所におもむき、杉葉で、一間四方、高さ一間の仮宮がつくられ、正面の幕の外側を檜の葉でおおい、神霊を仮宮に移し、神楽が奏され「アタガシ魚」二尾と神酒と「おみたま」と称する小さな団子の神饌がスギの「へぎ」にのせ仮宮前の台上に供えられる。

◯◯神社　大分県安心院《あじむ》町に鎮座

山ん神祭り

神社名は定かではないが、神事でわらを三角形に折り曲げた「おへぎ」に餅や御供を入れて供え、神事の後、神前で直会がある。

この安心院町には「神功《じんぐう》皇后が八幡様（応神天皇）を分娩された時、楡を杖にした故事にあやかって、ニレの枝を神棚に供えた。」と記録がある。

2 「へぎ」を折敷き（おしき）と呼ぶ神社

松尾大社　京都市西京区宮町に鎮座

還幸祭・葵祭

西寺公園の旭の社前に榊を供え四方を浄める（きよめる）行事として鯖・白蒸し・巻昆布を「折敷」に入れ配る。

日枝《ひえ》神社　滋賀県東近江市黄和田町に鎮座

山の神講

油で揚げた神饌をカシバコという「折敷」の箱に納める。

畝火山口《うねびやまぐち》神社　奈良県橿原市大谷に鎮座

デンソン祭り

神木の榎の木の下の住吉祠の前に鯖一匹、三方にのせた二重の鏡餅・「折敷」にスルメと瓶子（へいし）・脚付（あしつき）の「折敷」に胡瓜や椎茸を供える。

倭恩智《やまとおんち》神社　奈良県天理市海知に鎮座

シンカン祭り

「七色の御供」「荷に餅」「花御供」の三種を十膳分「折敷」にのせる。

御上神社　滋賀県野洲市三上に鎮座

相撲御神事

芋茎（ずいき）を神輿の形に盛り、木製の担架の台に30㎝角の「折敷」の上に取り付ける。

三上神社　滋賀県野洲市辻町に鎮座

神事

半切桶に入れた三組の御供の手前に小型の「折敷」に田作ゴマメ三尾・牛蒡三切・数の子・三種の神饌を置く。

八坂神社　大阪市福島区海老江に鎮座

御饗《おきょう》 神事《しんじ》

「白蒸しの座」という白蒸しを「折敷」の中央に整える。

春日大社　奈良市春日野町に鎮座

春日若宮おん祭り

古式神饌で桔梗立《ききょうたて》・小御飯《しょうのごはん》・大御飯《だいのごはん》・居御菜《いおんな》・染分け・追物・盛物・菓子・四色・瓶《みか》

の十種を白塗りの「絵折敷」に盛り「御染御供」と呼ぶ。

3　「へぎ」の木「おへぎ」の木

黄蘗（おうばく）＝キハダを「**植物方言辞典**」によると

秋田県仙北地方での呼び方→へぎ
岡山県美作・広島県地方での呼び方→おへぎ
秋田県・鳥取県・岡山県備中地方での呼び方→おーへぎ

と、興味深い呼び名である。

ミカン科の落葉高木・樹高25m直径1.5mに達する樹皮はコルク層が厚く、淡黄褐灰色・内側が黄色で苦味がある。縦に浅く裂け深いみぞ状の割目が著しい。

黄膚・黄肌・木膚の意味で呼ばれ『和名抄』『本草和名』で岐波多《きはた》とあてている。また黄皮所《きはと》ともある。（木＋八＋刀）枌も文解すれば、キハト。

漢方として乾燥した樹皮はベルベリンを含み苦味健胃剤・腸内殺菌・消化不良・解熱・収れん剤として胸部炎症の治療に用いられる。奈良県で作られる腹痛薬の「楽陀羅尼助」

の材料。

色が鮮やかである為、染料に用い、古く中国では階級を服色で表わし、最上位の黄色に用いた。

アイヌは黄色を尊び、信仰に関する物のみを染めたとある。

防腐・防虫剤としても実から採れる色素を紙に浸し、お経をしたため千二百年もの保存を保った朝鮮国宝126号が残されている。

第六章 「枌」の正体

第一章では「枌」の地名等が、ある一定の決まりの範囲内に過去や現在にも存在していたことが明確になった。それは地理的のみならず、ある特定の信仰において重要な位置にあり、「枌」は単なる利用価値の高い樹木だけではなく、人々に尊ばれていた為である。

しかし、現在では、この苗字を持つ私でさえも、知識不足からなのか、不確実な起源として伝えられていたのである。当用漢字に入らず、また学校で教えていないこの変わった字が持つ、本当の意味を次に記述する。

(一) 中国での「枌」と「楡」

『枌』Fén（フェン）

木の名。楡の古い漢字で白楡のこと

語源は、幹に深い割れ目があり、分かれるイメージによる。

『楡』「diog（ディ）上古漢語。Yú（ユ）中古漢語。字源は「舟＋↑《道具》＋≪《削りかす》」を合わせて、木をくり抜いて丸木舟を造る場面を想定した図形。「中身を抜き取ってよそに移す」というイメージを示す記号となる。ニレの種子は安眠の効果があるから、楡は愉《ゆ》に通ずるという語源説もあった。また果実は小さな銅銭に似ているので……楡銭は余銭と音が通じるので、人家の門前には楡が植えられた。」と、加納喜光氏の説。

形態…落葉高木。高さ10m〜20m。樹皮は灰色粗糙で縦に裂溝があり、小枝は柔らかく毛があり、灰色黄色、葉は互生、葉身は楕円状卵形、または楕円状ひ針形。

漢方として学問上「零楡《れいゆ》」で無毒、皮の味は甘く、中性。腸や胃を整え、便秘にも効果的、発毛促進がある。皮は妊婦が安産の為に服用。内皮は酒と練り合わせて接骨に貼り、粉末として止血に外用する。昔の人はスープにして飲み、葉の若いものは茹でて食することが出来るが眠気を催す。根もまた、食すことが可能で、かつて凶作の年には食糧とした。

樹皮は粘液質を多量に含む。

多雨や干ばつ等の水害に強く、風や害虫にも耐えられる。

現在の中国大陸での生育地は、古代とそう変化はないと思われる。

春楡（chonyu）と白楡（baiyu）は、東北・三省華北・西北域に。
黒楡（heiyu）は、遼寧・河北・山西域に。
楡（yu）は、東北から西北。河南から西南域に至りみられる。

(二) 日本での「枌」と「楡」

『**枌**』（フン）（ブン）（そぎ）
木を薄く削いだ板。屋根を葺く（おおう）のに用いる物で柿《こけら》（ヒノキ・マキの薄板）より大きい。
よってこの文字は、形態のイメージから、木を刀で二つに分けた板という意味であり、本来中国での意味とは異なって伝承されて来ている。
『**楡**』（ユ）（ニレ）
形態…ニレ科のニレ属の落葉高木の総称。日本に、ハルニレ・アキニレ・オヒョウの三種が見られる。一般にハルニレを示す。分布は北日本の川辺・湿地に多い。語源は、ケルト語のウルムから英語のエルムとなり、朝鮮語のヌルムから滑《ぬ》れ↓ヌレとなり、訛ってニレとなる説と、脂滑《やにぬ》れ↓ヤニヌレ↓ヤニレとなり、訛ってニレとなる説がある。ぬるぬるした木の特質からの由来。

ハルニレ…樹皮は灰色から灰褐色。幼木期に縦に裂け目が出来始める。成木期には裂け目が深くなり鱗片状にはがれる。老木期に入るとさらに深い裂け目がはがれ、幹は隆起する。（クスノキやナラやタモの樹皮と、似た質感である。）

葉身基部は、左右非対称が著しい、くさび型。緑部は重鋸歯。葉の付き方は互生。（葛飾区水元公園内のハルニレの葉形はケヤキとサクラの中間サイズ。）果実は平たい翼果で、小さな種を含み、風によって散布する。

『延喜式』の『内膳司』の条に「楡皮一千枚、ヒキテ粉ニ石得」と、記されている。「北の地方で生育する種を粉にして松葉の粉と混ぜて食した。」とある。「瓦や石の接着に用いた。」とある。

「通事を良くし胃腸の腫れ、熱を引かせ不眠症を治す。」とある。樹皮を「楡白皮」と呼び、粘液を多く含むので緩和剤としたが、現在は使用されていない。正倉院文書には、木の内皮から粘液を抽出し紙を漉いた楡紙の記録がある。アイヌ神話では、祖神アイヌラックルは雷神とハルニレの女神との間の子供とされる。また、火と衣の発生をもたらした樹として、最も尊い神の位を与えられる。
アキニレ…暖地の樹木。河原のような水気の多い土地に良く育ち、カワラケヤキとも呼ばれる。樹皮はケヤキに似ていて、ハルニレとは異なる。葉は革質であるが、果実は翼果。
オヒョウ…皮から繊維を取り、紙と縄に使用。他には、建築材・家具材・器具材・薪炭として使用。樹皮はハルニレほどの深い縦筋の裂け目は見られない。葉形も異なるが、果実は翼果。

(三) けやきの斎槻《ゆつき》は楡《ゆ》つ木か

楡の方言
(あかだも) 北海道・松前・青森・岩手・秋田・静岡・滋賀・岡山
(くろだも) あおもり
(いぬげやき) 埼玉・広島
(はまけやき) 鳥取
(ねり) 栃木・群馬・京都・兵庫・広島

(ねりき) 岩手
(ねれ) 栃木・群馬・埼玉・長野・岐阜・福井・岡山・広島・香川・福岡
(ねれのき) 群馬・島根・熊本
(のりのき) 奈良
(かねり) 広島

楡がタモ・ケヤキと名付けられているのは、種類として見分けがつきにくいほど似ているからであろう。

ケヤキはニレ科に属し、「神が依りつく神聖な木である。」と言われ、神社の神木として祀られる。

欅《けやき》の古名は槻《つき》で、強木《つよき》の意味を持ち、白石光太郎氏は『ハルニレにあたる、アイヌ語のチキサニに関係する。』と述べ、深津正氏は「尊い木の意味の斎つ木の転化」としている。斎槻《ゆつき》とも呼ぶ、「斎ふ《いは》」は神として崇め祀る行為である。楡《ゆ》つ木が斎《ゆ》つ木と変化したと考える。ケヤキとニレも遠い時代、すでに混同されたと推測する。

㈣　なぜ「枌」は消されたのか

スギが神木以外に国中どこでも自生している樹木であるのに対し、ニレは北海道・東北地方にハルニレとして分布してはいるものの、全国的には馴染みのない種類に入る。中国から種や苗で渡来して来た、楠（本来中国でのクスノキ）檜・松・楡、等多種あるが木の名が確実に伝えられなかった事例がある。

鈴木喜博氏によると「初期の木彫りは、楠（クスノキ）で造られていた。しかし、従来は檜（ヒノキ）材とされていた。奈良時代後期の彫刻仏は、樹齢判定によると榧（カヤ）の一木彫りであった。」という。

しかも「榧は古くは栢（柏）の字を当て（カエ）と訓じた。」とある。

栢・柏が檜と伝えられていたが、実は榧であったと何とも紛らわしいが事実である。

現代においても植物名でなじみある柏（カシワ）や欅（ケヤキ）槙（マキ）などは、数々の別名・別種の木がそれらに属され地域差も激しい。柏は特に、漢名の木とは別種で混乱をまねいている。本来の柏の葉は、檜（ヒノキ）に似ていて、檜の中国発音はKuaiクアイである。

このように枌・楡（ニレ）も混乱をまねいたのであろうか。

楡（ニレ）は国内ではハルニレであるが、槻の木・ケヤキ・タモ・イヌシデ・クマシデ・アカシデ・サワシバなどの樹形や葉質がそっくりである。シデは、果穂が垂でるので、神前に供える幣帛《へいはく》から名付き、神木としても祀られている。

しかし、スギは見ての通りニレとは異種で、見間違えることはない。中国のスギはSanサンで古字は「檆」で杉の字は日本からの逆輸入であるという。

枌・楡が異名を付けられ変貌し杉に入れ替わったのは、数々の木の姿が似て混乱した例にあてはまらない。

また「奈良東大寺造営の為の杣山《そまやま》として近江比良山地北端の三尾山が選ばれた。その山から流れ出た霊木から、長谷寺の巨大な本尊十一面観音像が彫られた。」との伝えがある。仏像の材となったのは、川から流れてきた「寄木」や雷を受けて神が依りついた、と考えられた霹歴木《へきれきぼく》・朽木《くちき》・臥木《ふしき》、が選ばれた説があり、その材を御衣木《みそぎ》と呼ぶ。

生活に欠くことの出来ない木を漢字で表現することは、特別な場合に限られていたと考えられ、呼び名・発音・漢字の酷似による書き写し誤り、樹の形体・使用目的の混同等が、植物名の変化の理由として推測出来る。

国が異なれば、聞く耳や発する口からの、記録に危機は付きまとうし、植物は時代を経て変種が育つ、つくづく人の伝達力とは変化を伴うものである。今日においても植物の方言を　調べると別種が通用しているのであるから、驚きである。

「枌」が「杉」とは、悲しくも、もどかしい。

自然消滅も、一般的に知られていない理由として挙げられる。大和の寺・社の山・森林に風害・病虫害が発生した枯槁《ここう》の記録が残されている。

瀬田勝哉氏の調べによると

「鎌倉末期	嘉元　二年	（1304年）	春日山	2500本
	観応　三年	（1352年）		8678本
室町前期	応永十二年	（1405年）	三輪山	6634本
	応永十三年	（1406年）		6490本
	永正　三年	（1506年）		8017本

室町末期　元亀　三年（１５７２年）モミ・ツガ虫害　　７５２５本」

およそ百七十年間に多くの樹木が消滅している。この現象は大和だけにおよばず、他の地域でも起きていたであろう。

自然災害と結びついて政治的な事件で消滅した記録も残されている。

京都での最初の枯槁《ここう》は文暦元年（１２３４年）であった。その時期は興福寺と、石清水八幡宮の争いで大住荘と薪荘の用水紛争が拡大し、大和国政史大事件に発展したという。その件もあって、枯槁《ここう》が「作為であったであろう。」との説。

その後は、植樹の運動が起こり奈良時代にも桜と柳を植えていたが、室町時代には学侶や郷民総出で、松等を植林した記録もある。藤原氏族による政治的演出で、木を植える信仰が出現する。この時点でニレは植えられなかったのは明確であろう。それは、日吉社と三井寺の山門と寺門の永年の対立によって多くの樹木が消滅したこととも関係する。

瀬田勝哉氏の調べによると

「永保の燃討　永保元年（１０８１年）三井寺全焼。

長寛の炎上　長寛元年（１１６３年）全山を焼き尽くす。

建保の燃亡　建保二年（１２１４年）三井全山の燃亡。
文永の燃討　文永元年（１２６４年）延暦寺・三井寺の焼失。
文保の燃亡　文保三年（１３１９年）再建された三井寺の全焼。」

と、およそ半世紀ごとに三井寺は焼かれ、両寺社の山の樹木に多くの損害を被り、いずれかの焼打ちによって日吉大社の神木としての枌楡は、消滅したものと考えられる。

「枌」の文字が日本の歴史文献に登載されていたのは７４９年から１１８４年の間であった。

『吉記』の記録には「枌社」いわゆる「枌楡社」が我が国にも存在したことを明らかにし、後に明神や天神と神社名になり、神木としてのニレもしかり、一連性が明確であった。そして、なによりも崇敬の対象であったにもかかわらず、１１８５年以降には、修験者が全国にもたらした薬効力の高い漢方薬としてのニレの育生条里名も消えた。

つまり平家の滅亡が変貌の要因であろうというのが自然と成り立つのである。

南北朝の内乱１３３６年～１３９２年以降、荘園制を基盤とした貴族・寺・社の没落も追い打ちをかけたのであろうが、完全なる自然消滅の原因とは考えにくい。

㈤「枌」を神木とした高祖《こうそ》・劉邦《りゅうほう》とは

「枌」の漢字の輸出元の高祖という人物について考察する。

高祖Gāozǔ（ガォヅゥー）BC252年~BC195年

秦の始皇帝を倒し、前漢王朝の初代皇帝となった人物である。姓を劉《りゅう》、名を邦《ほう》、字《あざな》を季《き》という。一般的には劉邦というが、「漢書」と「史記」には高祖と劉季《りゅうき》・沛公《はいこう》・漢王《かんおう》と書かれている。そして八人の息子がいた。

一、劉盈（恵帝）
二、劉如意（代王→趙隠王）
三、劉肥（斉悼恵王）
四、劉恒（文帝）

五、劉恢（淮陽王→梁王→趙共王）
六、劉友（河間王→淮陽王→趙幽王）
七、劉建（燕霊王）
八、劉長（淮南厲王）

劉邦は、沛県郡豊県中陽里（現在の江蘇省徐州市沛県）生まれで、字《あざな》が季であるので、同姓における兄弟順を示す（伯・仲・叔季）で末の弟の意とされる。

人々に崇拝の念をあたえる不思議な能力を持ち合わせていたという。その一つに「秦の始皇帝は東南に天子の気があると嫌な気がして、その場から東へ移動した。劉邦は、自分のことを言われていると疑って逃げ隠れるが、なぜか妻に見つけられている雲気があって従って行くと、そこで見つけることが出来ると言われ、劉邦は喜んだ。そして沛県では、彼の子弟になりたがる者が多くなった。」、「生まれつき鼻が高く、龍に似た顔立ちで左の股にほくろが七十二あった。」とあり、様々なエピソードが残る。

そして日本神話でスサノヲがオロチ（大蛇をなぜかオロチと呼ぶ）を退治する伝説と重なる話がある。「劉邦が亭長の時代に、県の命令で囚人を驪山《りざん》に送る途中、逃亡された。

残った者が部下になりたいと申し出た。行く先で大蛇が出現したので剣を抜き、ざっくり二つに分かれた。そして酒を飲み寝込んでいる時に老婆がやってきて『白帝で蛇に化けていた息子が、赤帝により殺された』と言って消えた。この話を聞いて劉邦は喜び、従者連中はますます畏敬を深めた。」

㈥『史記』より日本の神社に繋がる諸々の事例

「古代中国での神事では、次の例が取り行われていた。
大饗…先玉（先祖）を祖の廟に合わせ祀る大祭に、俎に生魚を盛り、大羹を先（先祖）にささげる。
小饗…またの名を饗祭と呼び、水を入れた器を上にし、甘酒を用い、黍稷《しょしょく》を先（先祖）にささげ、稲を供える。」

我が国の神事、平安京の道饗《みちあえ》祭と呼ぶ疫病神を防ぐ為の祭や、地方の神事・オコナイに受け継がれているとみる。

劉邦が、漢の帝王となった時、とりあえず長安東北方面の、高陵付近の小さな都市洛陽を、臨時の首都としたが、親友の蕭何（沛県豊邑出身で、劉邦とは親類同様の関係で、漢帝国の宰相となる。長安の未央宮《びおうきゅう》を造営し、東と北に宮門を建設し、劉邦を喜ばせた。）の勧めで、社稷を造る為、旧都の咸陽に移動した。里の二十五戸の集落に社はあるが、元々の王国には神聖空間があるだけであった。勝利の証として樹林をも根絶やしにするのが通例であったところを、劉邦は、司馬遼太郎氏の解釈によると「元々あった秦の社稷に、屋根付きの建物を造り、建物の北側に、地の蔭が抜けるように一ヶ所だけ窓を開けさせた（造った）」という。神社の向拝殿の起源であろうか？

　劉邦は、あらゆる面での社会が成熟された戦国期（日本は弥生時代前期）に生まれた。

　中国においての最古の正史『史記』を読み解く為の解説書に目を通すと、我が国の誕生神話とは、全く趣の異なる戦いの歴史が強い。鬼気迫る日々を過ごしていた当時の人々にとっても、察するに精神的解放・自由の境地を求めることは必然であったと思われる。劉邦と枌楡社についての記述は、二ヶ所に築いた記録があったのみで、詳しくはわからない。古代北方の詩に出て来る「東門の枌」にこよなく惹かれたのであろう。そして、その国土を象徴する守護神として社稷を祀り、高祖となった為に郷里から離れる時にも帝都へ移したのであろう。

(七)「楡」のつく中国の地名

東北エリア

吉林省　楡樹

同省　通楡

華北エリア

山西省　大同市　渾源県　南楡林郷

同省　陽泉市　盂県　楡林坪村

同省　陽泉市　盂県　楡林会垴

同省　朔州市　山陰県　東楡林

同省　朔州市　南楡林郷

同省　晋中市　和順県　楡樹坪村

同省　晋中市　楡社県

華中エリア

江蘇省 連雲港市 贛楡県

西北エリア

陝西省 楡林市

甘粛省 酒泉市 瓜州県 楡林窟

ニレの木の生息地が大陸の東北・華北地域に多い為、地名に楡が付けられていると思われる。気候は日本とは大きく異なって季節風型気候である。

(八) 中国の書物に残る「枌」

「枌楡社」

漢の高祖の郷里、豊の社の名。社にニレの木があったことに名付いた。高祖が帝になった為に、枌楡社を帝都に移し、父の望郷の心を慰む。

「枌楡」

故郷という意味。「漢書」の『郊祀志』に次の様に書かれている。

「高祖祷　豊枌楡社」

張衡の『西京賦』に次の様に書かれている。

「豈伊不懐帰于枌楡」

「枌郷」

地名で漢の高祖の里社の名。

蕭誕の詩に次の様に書かれている。

「策拙枌郷慙恩望」

「枌邑」

地名で漢帝の陵墓のある所。

江淹の詩に次の様に書かれている。

「宮廟禮哀敬，扮邑道嚴玄」

荘子の『逍遥游篇』にも「枌楡」の記がある。これは、戦国時代におけるもっとも特異な思想家の一人である荘子の、自然を愛し、精神的自由の境地である「道《たお》」の世界に憧れをよせた作品である。

さらに時代は遡り、紀元前十世紀から数百年間の周朝期の詩集『詩経』に「東門の枌」という作品がある。撰者不詳の万葉集と同じく、民謡から展開した、社会史的事実の反映された古代、北方の歌謡である。口伝えで受け継がれ、文字の発明によって残された作品集である。多くの古代の植物の名が出て来る「東門の枌」は、大地から大きく育つ樹に神が宿ると信じて、神に祈ることを紀源とした、祭礼の詩であるという。

㈨　そして『詩経』の中の「枌」

「東門の枌」

原文　　　　　　　　　注釈（石川忠久氏訳）

東門之枌，宛丘之栩。　□　東門の枌　宛丘の栩
子仲之子，婆娑其下。　□　子仲の子　其の下に婆娑す
穀旦于差，南方之原。　□　穀旦干差す　南方の原に
不績其麻，市也婆娑。　□　其の麻を績がず　市や婆娑す

穀旦于逝，越以鬷邁。

視爾如荍，貽我握椒。

□ 穀旦干逝し越に以て鬷り邁かん
□ 爾を視れば荍の如く我に握椒を貽れり

意訳

東門の白いニレに春の神を迎い入れ、聖地のクヌギに夏の神を迎える。

娘が白ニレやクヌギの下で巫舞する。

夜明けに麻も紡がず、巫女が雨乞いの歌を歌い走る。

夏の花のアオイのようなあなたは、私に神を招いた一握のサンショウの枝を授けてくれた。


このように諸先生方の語釈・注釈を参考に訳した。

「東門の枌」は陣風の編で現在の河南省開封県以東から安徽省亳州市以北にあたる地域とされる。東門の宛丘は前漢の歴史地理を記した『漢書』の地理志にもその名があり、唐の『顔師古』の注には「ここで行われる歌垣は、神につかえ神を楽しませる為の歌舞であった」とある。

「枌」や「栩《くぬぎ》」が神木であったことが明らかである。

第七章　新　説

(一)　劉邦は日本で神となった

六千年もの昔、中国大陸の揚子江域から、日本に渡って来た人々がいたという。九州最古の青銅器は、遼寧式青銅文化（BC9世紀～BC3世紀）の系統で、中国東北部、華北の北部辺りである。

中国の『史記』の記録にも、前漢武帝（BC141年～BC87年）による仙薬を信じて、東方海上への方士《ほうし》派遣は数年に渡り、何度も数千人規模で列島を訪れていたとある。

そして、220年から265年の中国魏朝五代、四十六年間の歴史書の『東夷伝』倭人の条『魏志倭人伝』より、邪馬台国女王卑弥呼の記述があまりにも有名である。それは、弥生時代の交流により、中国の原始的信仰に様々な信仰が結合した道教が、すでに確立していた証である。

日本の文献に、卑弥呼と表記された人物は登場しないが、北九州でのシャーマンの特徴から、神功皇后《じんぐう》が同一人物とされている。特に弥生時代の遺跡出土品からも、盛んな交流が認められ、多くの人口の入国により、九州に独自の王国が成立していたと想像出来るのである。

このことから『古事記・日本書紀』の物語を基盤において「枌」を考察した結果、神武天皇『東征伝』の（日向から豊の国の宇沙を経て、筑紫・安芸・吉備・速吸の門・浪速を渡り、白肩の津に至り、大和に向かう。また、熊野から吉野・宇陀に向かう）道のりや、天武天皇の壬申の乱（672年）における（吉野から伊賀・桑名・野上宮から三尾坂・大津宮へと、野上宮から息長横河・安河瀬田へと琵琶湖周《まわり》）道のりに「枌」のつく地名や、関わる神社の神事、祭事が今も残る理由は、王国の文化がその地に受け入れられたと理解出来るのである。

その王国とは、「枌楡社」を祀る漢王の高祖の子孫や、高祖を崇める人々が後に神道の修験者となり、続いて新しい国を造営する為に移住してきた人々と、縄文以前からの民族と共存し、言葉と文字を統一して国家を完成したと思われる。

民族の混沌は、大陸での漢民族形成にも歴然としてあり、それを統一する基本の一つに、信仰も重要であったといえよう。さらに『東征伝』の道すじの弥生時代前期の遺跡出土品を研究すると、短期間に集団が移動していたという。また、最近の科学的調査で京都市山城地域（枌本里のあった）では、縄文人と弥生人の接触が確認されているので、弥生人とは漢からの集団とみるべきであろう。

ところで、神道・神社がわかりにくい部分があるとされているのは、まず、縄文人の、嵐・水難・日照り・火災・地震などの自然の脅威や、病からの救いを求める感情より発生し、ゆるぎない安心感を得るのに必要な対象（樹木・岩・山等）に、精霊を見出した自然信仰を基にして、各地に止まった漢人達は、神社を身近な拠り所として、社を造営して行くのである。そこは宗教的な霊力とは別のエネルギーのある場を選んだ可能性が考えられる。今、パワースポットを感じるとして注目を集める神社の場は、金属鉱石採掘地帯が多いからである。始めに採掘場を定め、次に強い武神を祀り、安全祈願・食物収穫の為の雨乞い風習、と思想が祖国大陸での「枌楡社」の原型で持ち込まれ、やがて神殿を築き神社が形作られて、宇佐八幡宮・出雲大社……枌山神社等となり、その土地に根付いていった。しかしその後、時代と共に様々な付加が作用したと考える。異国でのコミュニケーションの文字は、ほんの一部の貴族・豪族間で交わされて、民衆とは言葉によっての伝達方法で混乱がみられ、地名の口伝えの発生で、変化が生じたと同様に、不鮮明になったと思われる。原語に沿って発音文字が使用され、後年には多種に変名し、国中に拡散した。そして祭神とされる神は多く、異名の多いことで本質が見えにくいのも、理由の一つであろう。

私の調べてきた神社の祭神は、素盞嗚尊や、その子孫といわれる神々である。

スサノヲについて、日本最古の歴史書『日本書紀』の神代紀第八段一書等五に次の記述がある。

「乃（すなは）ち鬚髭（ひげ）を抜き散（あか）ちたまえば、杉に成る。
又、胸毛を抜き散ちたまえば、是檜に成る。
尻毛は是柀（まき）に成る。
眉毛は是豫樟（くす）に成る。
己（すで）にして其の用ゐるべきを定めたまひて
乃ち称へて曰はく、……云々。」

西郷信綱氏は

「毛は木。木は大地に生える毛であるという思考」

と、述べている。

スサノヲがヒゲを抜いて撒くと、スギになった……。

という、有名な植林説話であるが、これまで調べてきた文献の中で、枌が杉に変ってしまった例もあるので、実は「枌」ニレであったと考える。

(二) スサノヲは劉邦であった

最終章で言葉の発音に隠された、キーワードを発見する。まず白髭神社にこだわりを強く感じた理由として、志賀剛氏の奈良時代の音節表を元にみると、

Si ra fi（甲）gë（乙）は、シラフィゲィェとフィは両唇を合わせ発音すると「ヒ」に聞こえ、ゲィェは鼻濁音でギとも聞こえる。シラヒギ↓シラヘギ（白枌）となる。

次に、中国語発音に変換すると

劉季《りゅうき》は、Liú jì（ルウチ）と、聞こえる。（オロチ）とも、聞こえる。

日吉《ひえ》は、Rìjí（ルーチ）と、聞こえる。

六所《ろくしょ》は、Liù suǒ（ルウソワァ→ルウショー→ルウシィ→ルウチー）と、聞こえる。

英彦山《ひこさん》は、元は日子《ひこ》で Rìzi（リィジ→ルーチ）と、聞こえる。

季王《きおう》は、Jì wáng（ジィワン）と、聞こえる。

祇園《ぎおん》は、Qíyuán（ジィワン）と、聞こえる。

熊野《くまの》は、Xióngyě（ソンギェ→ソギ）と、聞こえる。

枌楡《ふんゆ》は、Fén yú（フェンユウ・上古漢語では Fendiog（フェンディ→フィディ→ヒゲィエ→ヘギ）と、聞こえる。

豊玉姫の豊玉《とよたま》は、Fēngyù（フンユウ）と、聞こえる。

この様な発音が交わされていたのであろうか。いずれにしても類似が偶然とは思えないので、カムフラージュとしての画策が施されていたと考えるべきであろう。

初代漢王の高祖を中国発音でゴーズーと聞こえることにも、着目する。そして高祖を思わせるキーワードが各神社には、必ず残されているのである。

劉邦の顔が龍に似ていた。（龍神・水の神説）

大蛇の出現と退治。（ヤマタノオロチ退治のスサノヲ伝説）

八人の子供の存在。（牛頭天王の八人の御子神）

「東門の枌」の儀式。（雨乞いの巫女の舞）

白髭神社は「白枌」を示す神社、文字通り「枌楡社」である。白の付く神社は、朝鮮起源という通説とは異なる解釈である。

さらに、北を向く神社と高祖の関係は『史記』の項羽本紀に、「沛公は北面にして下座につき……」『高祖本紀』に『天下ともに義帝をたて、北面にしてこれに事《つか》えたり。」『漢書』には、「漢の帝王となった高祖が、今までの四人の帝が（白帝は西向に金の徳を祀り、青帝は東向に木の徳を祀り、黄帝は西南向に土の徳を祀り、赤帝は南向に火の徳を祀る）それぞれを祀り、循環に従い王朝を交代していたので、自分は五徳の水の徳を黒帝として「北向」に祀ることにしていた。」と書かれている。五徳終始の説という。

このことから、大国魂神社・北向神社等が、スサノヲを祭神としているのは、高祖から由来していると考える。

すでに、スサノヲと神仏分離政策において、隠滅させられた牛頭天王は同神と、多くの学者の説で証明されている。第一章から第六章までのパズルの符は完成し、ここで彼こそがスサノヲであったと結論付ける。

　やがて高祖の子孫は、我国で神話伝説の神の名前として、異名を多く持つ大国主神となり、そして神功皇后《じんぐう》の息長《おきなが》系の天皇で、桓武《かんむ》・仁明《にんみょう》・光考《こうこう》・文徳《もんとく》天皇が平氏として勢力を拡大して、平家滅亡の１１８５年までおよぶのである。

　また、平家は負けてしまった集団であるが、落人伝説《おちうどでんせつ》は根強く残っていた。その秘められた伝承から推測すれば、源氏はそれまでの神として崇められていた「枌楡社」のすべてを消しにかかる。しかし、民衆に根付いた信仰心はなかなか消せるものでなかった。平家全盛期は貴族社会が先頭になり、高度で強力な中国文明に心酔したのであるが、神を祀る場を神殿として築かれた時、民衆は一定の距離から手を向け、拝んでいた。時代が下って参拝も自由となり、強い信仰心をもたらしたのである。

　今、地方に見られる素朴な神事、祭事は当時からの伝承によるものとみる。各地で統一感がない、ということは発覚をおそれ、同一のしきたりであってはならない為と考える。

　祭神として崇めた、高祖・牛頭天王・スサノヲは強いイメージである。しかし、それを崇める人々はけっして強い人間ではなかった。初期の信者は、大陸での戦いに明け暮れる日々に辟易し、さらに黄巾の乱で逃げて、楽園を求めて来た人々と結びついたと思われる。

それは滋賀県にある、大杉神社の由来書の一部分に印象的な文が残されている。中国の墨《ぼっ》家《か》の教とも一致した文である。

「人間として絶対に争いは致さぬ　御難賛助の御誓約を天津におわします大正腑の神(天神)と約束され……」

この信念の元に、戦を捨てた理想郷を造営する為に、移住して来た人が居たと考えられる。「枌楡社」は思慮の場として別世界の境地の入り口であったと思われる。そして、おそらく後世に残す為の賢明な策として、杉に代役を与えたと考える。見た目や薬効もニレと異なるが、姿が真直ぐで天高く育ち、針葉樹独特の油脂の芳香は、我国の湿った大気と混じり気品に満ち、近寄りがたい風格もあれば、材として数多くに利用もされ、国土に適し、まさに日本固有種の樹木に不足はあるはずもない。神木として素晴らしいのだが、社名は元の「枌」に戻してお祀りして頂きたい。

古代史探偵家族会議

枌を追って

古代史パズルの謎を解く

古代史探偵家族会議プロロオグ

粉を追いながら地図にのめりこみ、郷土誌に没頭する日々が続きました。そして、気が付くと古代史という迷宮パズルの中を彷徨《さまよ》う自分が居たのです。

それは到底、私の浅薄な知識では太刀打ちできないものでした。途方もなく巨大で複雑なパズルの前で、立ちすくむしかなかったのです。

そんな時、長女が古い文献を細かく分析してくれました。彼女は歴史学の専攻で、早く頼めば良かったのですが、私の楽しみを奪ってはいけないと、これまで遠くから見守っていたのでした。

また、古代史に詳しい夫が、謎の深さに興味を持って的確にアドバイスをしてくれ、共に「粉」を探索することになったのです。

途中から、長男も加わり家族全員が協力して迷宮に挑むことになりました。はじめ、本に載せるつもりはなかったのですが、私の本文では語りつくせなかった様々な推理や、「粉」という木の謎を追いかけてゆく道のりが、会話のテープを起こしてみたら、思いのほか面白いので、「ふろく」として、加えることにしました。

枌《へぎ》の起源を探る

私　「それでは、枌のルーツを探りここまで来て、わかったこと、どんな事が推測できるのか、等々を家族四人で検討してみたいと思います。いいですか？」

夫　「討論しながら新しい発見があるかもしれないからね」

私　「まず枌の故郷から始めます。大分県中津市本耶馬渓今行《ほんやばけいいまゆき》。ここが枌一族発祥の地。」

夫　「家族で、近年３回訪れました。」

私　「はい、東京に住んでいた両親が、父の故郷の樋田に疎開でもどり、私が生まれ、一才の時に東京に移ったので耶馬渓について詳しくはないですが、屋形川がゆるやかに近くを流れ、せせらぎが至る所にあり、ホントに素敵でした。そのせせらぎにいた女性に、声をかけ、名乗りあうと、なんと枌さんでビックリ。現在、八軒の枌さんが住んでいるということです。」

娘　「ここに枌洞穴と呼ばれる、屋形川の侵食で出来た集塊岩洞穴があって、縄文から弥生にかけて六十七体の人骨が出土しています。で、注目すべきは……中国の揚子江下流の遺跡から発掘されたものと同じ、玦《けつ》という環になった耳飾りが出てきたのね。」

息子「つまり、お母さんの故郷は大昔から中国と交流があったたってこと？」

娘「耳飾りだけがやって来たんじゃなくて、人も来たって考える方が自然よね。」

息子「だけど、ずいぶん不便な所だよ、もっと下流の中津あたりが住みやすいし、交流の場にふさわしい　とおもうけど……。」

夫「史記の中に『昔から皇帝の領地は、川の上流と決まっている』というセリフがあるぐらいだから、ここに土地の王がいても不思議ではないよ。ヤカタという地名にも惹かれるね。」

私「はい、はい。ここで押さえておくのは、枌の故郷は中国と古代より交流があったということ。」

娘「物的証拠は玦です。」

文献の中の枌

私「次に文献に出てくる枌を、つぶさに検証したいと思います。」

娘「一番古いと思われるのは『詩経』ね。『詩経』は紀元前九世紀から八世紀にわたる中国古代歌謡の集成といわれているものです。風・雅・頌の三部に分けられていて、風は諸国の民謡を、雅は貴族の詩、頌は王朝の廟歌だそうです。枌は風の『陳風』十篇に出てきてます。」

私「この『東門の枌』からわかることは、枌という木が中国では古代から皆によく知られた木であり、神を迎え入れる、いわゆる『よりしろ』の木であったことです。また、雨乞いの神木であったという説もあります。」

娘「ここでの押さえは『枌は神樹であった』です。」

息子「次に出てくるのは、『史記』と『漢書』。えーと、『史記』は、司馬遷が書いた中国、前期漢時代の歴史書。紀伝体史書の最初のものと言われています。『漢書』の方は、後漢の歴史書で班固《はんこ》という人が書いてます。」

私　「『史記』の方には、高祖劉邦が豊県の枌楡社《ふんゆしゃ》から出て来たと書いてあり、『漢書』にも高祖が枌楡社を祀《まつ》ったとあります。大漢和辞典で枌楡社をひくと、『漢の高祖の郷里、豊の社の名。社に、にれの樹があったから名付く。高祖、帝になるに及び、枌楡の社を帝都に移し、父の望郷の心を慰む。転じて、郷里をいふ』と。」

息子　「えーと、『社』とは、中国で土地の守護神を中心として二十五家の村落自治体。とネットを調べたら出てます。」

娘　「つまり、漢の高祖劉邦の生まれ故郷に枌の木があって、それを神樹、トーテムとする二十五家族の集落があったってことね。」

私　「後に枌楡社が、日本の神社形態の基となるのよ。」

夫　「こちらから向こうへ行ったってことはないの？劉邦は大分県出身だということは？調べてみたけど、この劉邦さん出自は、謎に包まれているらしいよ。ジンギスカンは義経だった、より面白いんじゃない？」

私　「その説は無理ね。遺跡の調査が進んで、中国からの影響は日本でたくさん発見されているけど、その逆は、ほとんどないの。中国から枌の集団がやって来て根をおろしたと考える方が自然です。」

息子「ウーン。残念なり。音楽の場合は、辺境から都会へっていう流れは、けっこうあるんだけどなぁ……。」

夫「それで、お母さんの綿密な調べによって、とても興味深いことがわかって来たんだよ。」

私「はい。実は、その枌のついた地名や、枌を神樹とする神社が、思いのほか各地に残っていたんです。様々にカムフラージュされたけれど。そして、その神社の祭神が全て出雲系である事がわかったの。それも八割以上がスサノヲです。」

娘「それで、スサノヲが劉邦ではないか?と、疑ったわけね。」

私「そうなの。でも、はじめは古事記や日本書紀で有名なあのスサノヲが、まさか実在の古代中国人だったなんて、とても思えなくて……。でも、古代史という壮大な謎のパズルに、劉邦という一片をあてはめると、一瞬で全体像がパァーっと浮かびあがって来ました。」

夫「そこまでたどりつくのが大変だったよね。なにしろ古代史については中学生程度の知識しかなかったんだから。」

私「自分のルーツを知りたいという強い願いが、膨大な資料に挑む原動力になり、主

娘　婦業優先で研究には三年半かかりました……。」
娘「では、今日はこのへんにして、次回は、スサノヲは劉邦であるっていう証拠集めをして集まりましょう。」

高祖《こうそ》＝牛頭《ごず》＝スサノヲという等式

私「今日は、劉邦を神とし、枌を神樹とする集団が日本に渡って来たという証拠をそれぞれ提出して下さい。」
娘「それとスサノヲは他ならぬ劉邦であるという物証ね。」
息子「まず、劉邦さんを徹底的に洗い出してみたんだけど、レジュメを見てください。生まれた所↓沛《はい》の豊邑《ほうゆう》、中陽里の枌楡社。姓↓劉。字《あざな》は季。謚《し》号は高皇帝。廟号は太祖。生年は前二五六年ごろ。没年、前一九五年六月七日。皇后は呂雉。まず、ここまでで、どう？」
夫「大分県は昔、豊の国と呼ばれていたよ。豊邑と関係があるかもしれんな？」
私「季というと、耶馬渓を流れる山国川は昔、木の川、城川と呼ばれていたんです。

娘　季の川だったかもね……。」
私　「その集団が移動して季の国、紀ノ国を作った可能性もあるわ。」
娘　「それは、とても興味深いけど、後でもっと材料を集めて料理しましょう。その前に、高祖を中国の方に発音して頂いたら、ゴゥズと聞こえたの。ゴズ？牛頭天王が頭にひらめいて、先年、伊勢に旅行した時、なぜか牛頭天王の茅の輪が印象深く残っていたので、これだ！と思ったの」
夫　「牛頭天王は、昔からスサノヲの別称だと言われているんだ。したがって劉邦＝高祖＝牛頭＝スサノヲという等式が成り立つよ。」
娘　「私も劉邦＝スサノヲの式を古代史の色々な問いにあてはめてみたら、なるほどっていう答が次々に出て来たわ。」
息子　「新発見！ネットの翻訳サイトで、古代史の地名、人名を中国語の発音にしてみたら、これが、すごくオモシロイ！

劉李→ルウチ
季　→ジィ
櫛　→ジィ

字季→ズージィ
筑紫→ズージィ
住吉→ズージィ
季王→ジィワン
祇園→ジィワン
日枝→ルーヂ
日吉→ルーチ
日子→ルーヂ
龍神→リュウシェン
日向→リュウシャン

夫　劉邦関係だけで、これだけアヤシクも共通する語が出てきたよ。」
「ウーム。これチョットすごい発見かも知れんなぁ。季と櫛が同じ意味だとしたら、スサノヲの櫛御気野命というおくり名は、あの等式『劉邦＝スサノスヲ』を裏付けるものになるよ。」

私　「日吉＝劉季（劉邦）というのもすごい発見よ。日吉大社の伝説に枌楡が出てくるの。日吉神社の神木枌楡に日輪が現われているというのが、その記述です。劉邦の故郷にあった白枌の木、そして日吉と劉季が、同じ発音ということで、枌を神木とする劉邦の末裔集団が、日吉神社を建てたという確証になるわね。」

夫　「祇園祭の祇園が季王か、これもいいね。祇園社はスサノヲの本拠地みたいなもんだから、これも納得だなぁ。」

娘　「でも、季王という呼び方はあったかしら?」

夫　「何か劉邦を隠ぺいしなけりゃならん事情があったとしたら、日本で季の王だから季王と創作したとしてもおかしくない。」

娘　「私の発見は、『季』をスエと読むことから出てきました。日本書紀の崇神天皇の所に、太田田根子という人が出てきます。疫病や反乱が多発して困り果てた崇神天皇が、天照大神や倭大国魂を祀ったけど効果がなく、ヤマトトトビモモソ姫にお告げをしてもらうと大物主が出てきて、自分を祀れと言う。しかし、まだ効き目がない。どうか夢で教えてほしいと崇神が頼むと『もしわが子、太田田根子に吾を祀らせたら、ただちに平らぐだろう』と、大物主は告げます。そして茅渟県《ちぬのあがた》の陶邑《すえむら》で太田田根子をみつけて司祭者として三輪山の神、大物主を祀ったら疫病がやんで国が静まったという話。

茅渟県（和泉国）は五世紀にはいって須恵器《すえき》を大量に生産した所で有名なんだけど、この陶《すえ》が季《すえ》だとしたら……。須恵器は季器、枌の集団が中国から持ち込んだ技術じゃないかと直感しました。

そして三輪山の神官となった太田田根子は大直禰子とも言い、オオモノヌシの直系といわれていることから、劉邦を神とする集団の直系だった人じゃないか？……と。

それはお母さんの調べた『三輪山の『神杉』に日輪が降臨したように……』という日吉神社の記述から、神杉はもちろん神枌だからオオタタネコのエピソードは、劉邦の末裔集団が三輪山にやってきたことの証ではないかと大胆に推理したわけ。どう？」

夫

「そうかぁ……陶器《すえき》は季器《すえき》である。フーン。それまでの土器と違い高温で焼かれていて轆轤《ろくろ》も使ってる。まったくレベルの違う技術で、中国の江南地域に始まって朝鮮半島に伝えられ、日本に来たと考えられてるんだね。劉邦の末裔集団が、その技術をもっていたとすると、四世紀半ばに九州に来たってことかな？

そして五世紀初めに大和へ入った……と……。しかし、太田田根子がなぜ陶邑から

私　やってきて三輪山の神主になったかっていうことは、陶が季だとすれば、これでスッキリするなぁ。」
「その集団が、いつ頃来たのかがとても大事だけど、まだまだ材料を集めないとね。じゃあ、お父さんの証拠物件、高祖=スサノヲの話も聞いてみたいわ」

夫　「お父さんのは、天孫降臨に等式をあてはめてみたら古事記と日本書紀にも劉邦の影が色濃くあったぞ、という話です。

えーと、天孫降臨は、アマテラスの孫のニニギがアシハラナカツ国を統治する為に降臨したという神話の説話です。

その降りた場所が、日本書紀で五ヶ所あり、古事記の方は一ヶ所です。紀には本文で『日向の襲の高千穂峯にお降りになった。』と書かれ、一書の第一で『筑紫の日向の高千穂の櫛触峯』一書の第二では『日向の槵日の高千穂の峯。』そして一書の第四には『日向の襲の高千穂の槵日の二上の峯』第一書の第六には『日向のその高千穂の添の山峯』と記されています。古事記は、『竺紫の日向の高千穂の久士布流多気』となっている。

昔から日向とは何処か?・という論争になってるんだけど、古事記に『此地は韓国に向ひ、笠沙の御前を真来通りて、朝日の直刺す国、夕日の日照る国なり』と書いてあることから、福岡県か佐賀県が有力なんです。宮崎の日向ではないんだね。で、お父さんが注目したのは、福岡県糸島郡の前原町の高祖山。そこは槵振山《くしふるやま》とも呼ばれていたんだ、高祖＝劉邦だね。その末裔が渡ってきて、国を作った時の伝承が根強く残っていて、日本書紀や古事記を編纂する時、それを無視出来なかったんじゃないかと……。

それから、さっきの中国発音で、劉季の季と、槵が同じだったけど、そうなると槵触が季降る山、劉邦が降り立った山ともとれるんじゃないか？いよいよその裏付けが強くなった気がしたんだよ。」

娘　「そうすると、倭国の大王とその一族に、劉邦の末裔集団が深くかかわっていたことね。」

夫　「そのとおり。

作家の黒岩重吾さんは、『天孫降臨と天香山』という文の中で、なぜ天香山に降臨しなかったのか、その方が紀記の編纂者には都合が良かったはずなのに、という記述の後で『とすると、天孫降臨の場所を日向としたのは、他に理由がなければならない。最も強力な理由は、王朝交替はあったにせよ、倭国の大王その一族が、遠い昔に、筑紫の日向からやって来た、という伝承が根強く残っていたからであろう。その伝承は大和の諸豪族達も熟知していた。葛城、平群、巨勢、また紀国の紀氏等の有力豪族の先祖もまた大王家の始祖王が西方から来た、という伝承を持っていた、と思われる。』と言ってます。」

私「そうすると、枌を神木として、劉季を神と祀る集団は、今までのイメージより強力で大きな集団と考えた方がいいわね。でも、話が広がりすぎてちょっと疲れたわ。」

娘「はい、はい。今日はこのへんにして、次回は中国語の発音でおもしろいことがわかってきたのでそれと記紀の中にもっと証拠が眠っていそうだから、そこらへんを探索して持ちよりませんか?」

「へぎそば」を食べながら枌を探偵する

ゆで立てのそばを食べながら

私　「今、食べてる【おそば】が【へぎそば】ですよ。新潟県十日町のそばです。」

夫　「つなぎに【ふのり】を使ってるんだね……ウマイ。」

娘　「このそばが【へぎ】ではなくて、この四角い器が【へぎ】です。単に削ぎ板で作ったので【そぎ】、【へぎ】になったと言われるけど、それだけではないと思うの……。」

息子　「というと、この【へぎそば】も劉邦とスサノヲの秘密に関わってるってこと?」

私　「このへぎと呼ばれている器の由来を調べてみると、もともとは経文を書いてある経木から来ているようです。」

娘　「木に書かれた、ありがたい【おことば】を拝んでいたの。ところが、何か強い圧迫、弾圧があって【ことば】は消され、木だけが残った……。」

息子　「その木を器にして、神様のお供えを入れてお祈りをする……しかし民衆にとってはその器の方が、実は神だったと……。」

夫　「そうかウーン。ちょっと待ってね……柳田國男が、何か似たようなことを……

〜　お父さんは本を探してます。みんなは、そばを食べ終わりました　〜

「はい、あったぞ、えーと「先祖の話」という中で、「ホトケ」の語源についてこう言ってます。

『死者を無差別に皆ホトケというようになったのは、本来はホトキという器物に食饌を入れて祭る霊ということで、すなわち中世民間の盆の行事から始まったのではないかという考えも、そう突拍子もないものと言えなくなると思う』

とね。それから
『ホトケというのは屋久島では卒塔婆のことであった』と。

そして、あっ！粉が出て来たぞ！

『有名な南部の恐山の地蔵会などのものは、いたって簡単なただの小さな粉板の片に、追随の文句だけを書いたもので、仏体とはまったく関係はなかった……。』

と、柳田國男は言ってるんだよ。」

私「仏像や絵を拝む前に、木を拝んでいたのよ。ニレの木を拝んでいた枌楡社の人々につながるの。ですから、ホトケのケは木でしょう。枌の字を分解すると八＋刀＋（トウ）＋木、ハトキ。ホトキ。ホトケの語源じゃないかしら。」

娘「お母さんも大胆な推理をするようになったわね。お母さんだけは沈着冷静でいてもらわないと。」

夫「それじゃ俺たちゃオッチョコチョイってこと？（笑）でも、大胆でいいんじゃないかな、古代史は。牽強《けんきょう》付会《ふかい》と言われても、言いたいことを言って、学者に検証してもらえば良いよ。」

息子「で、その【へぎそば】のへぎという器だけど、大分県には無いの？」

私「それが、ありました。【大分の歴史（渡辺澄夫著）】という本を調べてたら、【晴れの食物】という文の中に『お接待に小豆御飯の握り飯やヘギにのせた小豆飯を出す所もあった』と、出ているの……。それから十二月の祭りの所で【コッパ祭り】というのがあって、『椿を割って作ったコッパ（へぎ）に小豆飯、しとぎを盛って供えるので、コッパ祭りという。』の記述があります。わらを三角形に折り曲げた【おへぎ】に、餅や御供を入れて供える。』とあります。」

息子「すると、このへぎそばの【へぎ】も大分がルーツということ?」。

娘「やっぱり、ただの板をそいだから【そぎ】とか【へぎ】だったわけじゃなくて、神器だったたってことです。しかも豊の国が発祥の地ではないか?ということを押さえておきましょう。本当は、今回やることは、記紀の中の眠れる【枌】を探すことだったけど、【へぎそば】で長くなったので次回にします。」

記紀に眠る「枌」を探せ

私「記紀の中には、枌の文字は全く見当たりません。劉邦も季も出てきません。やはり何らかの弾圧があって削除したんだと思われます。そして、天孫降臨の所でお父さんが言ってたように、形を変えて残さずには居られない強い願いが民衆にあった。それは大陸からやって来た人々のアイデンティティに関わることだったから容易に消すことが出来なかったと思う。

それで、その消しそこないを探ってみました。まず【枌楡】【木】にしぼり……。

記紀ではありませんが、神功《じんぐう》皇后という方がいます。オキナガタラシヒメとも言いますが、仲哀《ちゅうあい》天皇の皇后です。大分県の図書館で調べた【宇佐託宣集《うさたくせんしゅう》】の中に、次の文がありました。

『大帯姫託宣《おおたらしひめたくせん》したまふ
吾は枌を御在所《みましどころ》と定め
八幡は松を御在所と定め給ふ。』
（八幡は応神天皇のこと）

夫　これは神功皇后が自らの拠り所を枌だと言われてるの、先祖が枌楡社の出身だということではないでしょうか？」

娘　「それは重要な物証だよ。神功皇后は実在したかどうかわからないけど、そのような伝承が宇佐八幡宮に残っていたということは、記紀で消したつもりでも、民衆の側が、神功皇后に託してしぶとく残したわけだよ。」
「物証。【神功皇后の拠って立つ所は枌であった。】ね。

私

娘

えーと、私は【枌】ではないかと思われるアヤシイ木について調べてみました。日本書紀の崇峻天皇の所。聖徳太子が厩戸《うまやど》皇子だった頃、物部守屋《もののべもりや》との戦で、負けそうになって、願かけをします。白膠木《ぬるで》を切り取って、四天王の像を作り、誓いを立てたら、みごとに勝った。とあります。この白膠木ですが、枌のことをネリともヌルとも呼ぶ地方があることから、ウマヤドは【枌】で像を作り、先祖の劉邦に、そして神功皇后に勝利を願ったと解釈したいんです。

白膠木がそんなに霊験アラタカなら、もっと他にも出てきて良いはずが、この時しか出てこないのね。物部の祖先はニギハヤヒでスサノヲの子孫といわれてます。物部を倒すほどの霊力を持っているのは、スサノヲ＝劉邦の神木・枌しかないんじゃないかな。」

「ついに聖徳太子まで出てきたのね。スケールを広げすぎないでおいて。」

「まだあるの。例の大化の改新（六四五年・乙巳の変）の前、中大兄皇子と中臣鎌子が法興寺の槻《つき》の木の下で蹴鞠《けまり》をし、密約をします。この槻の木はニレ科の木です。後の時代にもよく枌楡と混同される木です。そして、事が成って、考徳天皇の時中大兄と鎌子は、大槻の木の下に群臣を召し集めて盟約をした。とあります。

またも大事な場面の背景に槻の木が登場します。
それから、木が祟った話。斉明天皇の項に書かれています。「天皇は朝倉橘広庭宮にお移りになった。このとき朝倉社（福岡県朝倉町）の木を切り払って、この宮を造られたので、雷神が怒って御殿をこわした。また鬼火が現われ、病んで大勢死んだ。」とある。そして斉明天皇もその二ヶ月後にそこで崩御されるんです。そして中大兄が、天皇の喪をつとめるのね。するとその夜、朝倉山に鬼があらわれ、大笠を着て喪の儀式を覗いていた。というんです。
これ、劉邦じゃないかな?朝倉社の神木が枌で、それを切ったので鬼となって出てきたんじゃない?」

息子「鬼は季に通ず。か?」

夫「あっ!もっと前にも鬼が出てくるぞ!えーと、曽我の入鹿が殺された時、『これはいったい何事か』と言われた、つまり現場にいた皇極天皇、その後『考徳』に譲られ、その死後再び天皇になった、斉明天皇の条、『元年春一月三日、飛鳥板蓋宮で即位された。夏五月一日、大空に竜に乗った者が現われ、顔かたちは唐の人に似ていた。青い絹で作られた笠をつけ、葛城山の方から生駒山の方角に空を馳せて隠れ

息子　た。』という記事だ。唐の人に似ていたというのは、劉邦を暗示してるね。それからスサノヲ。日本書紀の神代の上に、スサノヲが罰を受ける場面、『お前の行いは大変無頼である。根の国へ行け。』とみなで追いやられた。その時に長雨が降った。『スサノヲは青草を編んで、蓑笠として身につけ、神々に宿を借りたいと乞うた。』とあるんだよ。

朝倉社の鬼も、大笠を着てるし、葛城山から竜に乗った鬼も青い笠をつけてた、これスサノヲそのものですよ。そして劉邦を暗示してるね。」

私　「あのね。蘇我の入鹿だけど、『スサノヲと共に祀られた。』と書いた本がある。」

息子　「まぁ！すると蘇我氏はスサノヲの系列の豪族で、入鹿が殺されたことに怒って、スサノヲ＝劉邦が鬼になり出てきたということ？」

夫　「ソガとソギ。スギ・ヘギに似てるね。」

私　「蘇我氏については、もっと調べてみる必要があると思うよ。じゃあ、眠れる劉邦の方でお父さんの調べがあります。オドロキの解釈が出て来たので聞いてください。」

「真面目な研究なので、荒唐無稽な話は……。」

夫

「そう言われると、チョット言いにくいなぁ（笑）
実は、ヤマタノオロチの事なんです。（笑）
あっ、その前に出雲と劉邦の関係が調べるほどに深くなってくるんだなぁ
出雲という言葉も、劉邦にこんな逸話があって『秦の追っ手から逃げて、険しい山岳地帯に身を隠した劉邦。所在はだれにも知らせていないのに、妻の呂后《りょうこう》は簡単に見つけるのだった。『どうして居場所がわかる？』と、不思議に思ってたずねると、「あなたの居るあたりには、いつも雲気があり、それを目印に探すんです。いつもあたります。」と言った。』というんだ。これ出雲そのものでしょう。
山国川の付近に、中国の豊邑、中陽里から渡ってきた集団が、時代を経て、出雲に移動し、劉邦を慕って出雲と名付けた。ね、どう？
そして、ヤマタノオロチなんです。（笑）
劉邦の奥さん呂后は、呂雉《りょち》というんですが、例の中国語翻訳サイトで発音してみたら、ロゥチと聞こえたんだ。この呂雉（呂后）は、たいへんな女で、中国三大悪女の一人なんだよ。劉邦には、8人の男子があったんだけど、呂雉との間には恵帝のみだったんです。それで高祖の死後、まずその王子の一人趙王を毒殺、その母、戚《せき》

夫人の手足を断ち、耳目もつぶして唖にし、厠に投げ込んで人豚とよんだ。なんて話がある。他の王子達も殺され、生き残ったのは二人だけだったっていうんだ。枌を神木とし劉邦を神とする集団の中に、この恨みを抱く者がいたとする……ね。出雲で怪物を退治する物語をつくる時、劉邦をスサノヲにして、恨み骨髄の呂雉をヤマタノオロチにしたんじゃないか？とね。」

娘　「確か、スサノヲに助けられた姫はクシナダヒメというのよね。」

夫　「そうそう、その姫については後で劉邦とつながる発見があるので、ちょっと待ってて、その前に、このヤマタノオロチ＝呂雉を思いついたのは、『蚩尤《しゅう》』という戦いの神様を調べていた時なんだ。蚩尤は、劉邦が出世して沛公となって、伝説の帝王（黄帝）と共に祀った軍神なんだけど、頭が牛で、体が蛇だったなんていう妖怪でもあるんです。」

私　「蚩尤は私の調べた記憶があるわ。えーと（ノートをめくりながら）、そうよ穴師《あなし》兵主《ひょうず》神社の祭神として蚩尤が出来てきたんだわ。黄帝と戦った軍神で、兵器をはじめて作ったともいわれているのね。あら、今気づいたけどこの神社には、さっきの稲田姫が兵主神と並んで祀られてるわ。」

夫「えっ！それ知らなかったな。おもしろくなって来たぞ。」
娘「はい。興奮しないで、水でも飲みなさい。」
夫「この蚩尤が、中国の古い占いの本『帰蔵』の中に『八つの肱、八つの足、そして分かれた首を持っていた』と書かれているんだ。有名な『山海経』にも、八つの足と2つの首を持つ蚩尤と思われる妖怪が出てくるんです。これってヤマタノオロチの原型でしょう。」
息子「つまり、あれかね、スサノヲの英雄譚を記紀に挿入しようとしたストーリー・テラーが居て、彼は呂雉に恨みを抱く一族の出だったと……そして、劉邦の祀った蚩尤という妖怪の姿をいただいて物語を創ったということね……。」
娘「おもしろい。でも、もうちょっと確かな証拠が欲しいわね。呂雉がオロチに似てること、劉邦の守護神『蚩尤』の姿がヤマタノオロチにそっくり。これだけではチョットね。」
夫「はい、そこで例の櫛稲田姫《くしなだひめ》なんですが、この姫の父親の名が足名椎《あしなづち》、母親が手名椎《てなづち》と言うんです。これは足と手をいつくしみ、撫《な》でるという意味なんだね。足と手……。」

息子「そうか戚夫人か。」

夫「あたり！　呂雉に手足を断たれた戚夫人が櫛名田姫その人ですぞ！しかも、戚も中国語の発音はチィ、櫛もチィなんだよ。」

娘「ははぁー。ちょっと固まってきたわね。このヤマタノオロチの話が出雲風土記に出てこないのはどうしてかな?」

夫「うん、だからそれこそ出雲での話でなく、記紀の編纂時に、劉邦を神とする集団の作家によって作られた話だからだよ。」

娘「フム、フム、ちょっとこじつけっぽい所もあるけど、ヒットかもね。」

私「これでますます劉邦＝スサノヲという等式が確かな物になってきたわ。劉邦には蛇に化けた白帝の子を斬ったという話や、母の劉媼は龍神に出会う夢を見て、身ごもるのだけれど、その時上空に蛟龍の姿が見えたという話も、ヤマタノオロチと関係があると思えてきたわ。クシナダ姫が穴師兵主神社に蚩尤と共に祀られてる謎も解かれましたね。」

娘「では、次回、そろそろ『しめ』に入りましょう。」

われら日本人の祖先は「愛と平和の使徒」

私　「『枌』を追ってヤマタノオロチまで調べが進み、私の方は、現在残っている『枌』のつく地名、神社を調べてみて、そこに「神武東征」との重なりを発見したのです。神武天皇が実在したかわかりませんが、そのような大集団による東征があり、枌楡を神木として劉邦を神とする人々も、これに深く関わっていたと思うのです。それから英彦山の修験者（山伏）と鉄に関係する人々の移動が、この『枌ルート』と重なりあいます。
私の考えでは、黄巾の乱の時、戦争に嫌気がさした『劉邦の末裔集団』が、大昔からの交易ルートであった、大分の地へ移住してきたと考えたのよ。高度の技術を持つ集団は、日本原住の人々と交流し、山国川周辺に季《き》の王国を築いたと思うの。」

夫　「僕もだいたい同意見ですが、季の国の痕跡というものをもっと探したいね。」

私　「ひとつは、前も言いましたけれど、山国川がキ川と呼ばれていたことと、上毛と下毛があり、古語の毛と木が同じなので、そこに季の王国が存在していたと思うの。」

娘「それから英彦山《ひこさん》は、古くは日子山《ひこさん》という漢字で、例の中国語の発音にしてみたら、日子＝リュージィ＝劉季だったのね。劉季（劉邦）の生まれ故郷が豊邑であり、大分県が豊国で、神木の「枌」を姓とする人が住み、季の川が流れ、季の国がある。劉季（日子）の山を拝んでいる。という根拠で、どうでしょうか？」

息子「そして近くの宇佐八幡、オキナガタラシ姫は、『枌』を御在所としました。これで、状況証拠はかなり固まったわね。」

夫「それで神武東征との関係はどう説明するの？」

息子「考えられるのは、大分に季の国を作った人々が時代を経て、ある集団は南九州へ、ある集団は出雲へ、讃岐へ、紀の国へ、そして大和へと移住したんじゃないかな。神武の集団は南九州で力をつけ、東征して行ったと考えます。」

夫「でも、みんな根っ子は同じ、劉邦の末裔だったということ？」

「そう。例えば『ニギハヤヒ』という日本神話に登場する神がいます。日本書紀には、神武天皇より先に大和を治めていたと書いてある。そして東征して来た神武に対して、ニギハヤヒの義弟ナガスネヒコが戦うんだけど、戦いの前にこんなやりとりがあるんだよ。

ナガスネヒコは「自分の仕えているニギハヤヒは、天神の子で、昔、天磐船《あめのいわふね》に乗ってここへやって来た。あなたも天神の子と名乗っているけど、ニセモノでしょう。」と迫ります。

すると『本当にそっちが天神の子なら、しるしを示せ』と神武に言われ、ナガスネヒコはニギハヤヒの『天《あま》の羽羽《はは》矢《や》』と『歩靫《かちゆき》』を出して来ます。

神武天皇はそれを見て、「イツワリでは無い。」と言って、今度は自分の『天の羽羽矢』と『歩靫』をナガスネヒコに見せます。ナガスネヒコは恐れかしこまった。と、あります。

結局この後、戦を好まぬニギハヤヒがナガスネヒコを殺し、神武に帰順するんだね。注目すべきは、同じ天神からもらった『しるし』を持っていたということと、ニギハヤヒが抗戦しなかったこと。」

娘　「同じ劉邦を神とする集団だということがわかって大和を譲った……。」

私　「そのエピソードには、もうひとつ大切なメッセージがあると思うの。それはニギハヤヒの厭戦《えんせん》の思想です。私は、そこに中国の墨家《ぼっか》の影を見るのだけれど……。」

夫　「実は、劉邦を調べていて、どうも墨子《ぼくし》・墨家が見え隠れして、気になってたんだ。」

たとえば劉邦は、左の股に七十二の黒子《ほくろ》があったと言うんだが……

これ墨家のけらいが七十二人いたってことじゃないかな。

前に出てきた蚩尤《しゅう》という怪人にも七十二人の兄弟がいたっていう伝説があるんだよ。
七十二、偶然とは思えないんだ。兄弟を同志と、とれば……ね。」

私　「墨家は、中国戦国時代に儒家と天下を二分するくらい活躍していて、秦の中国統一の後、忽然と姿を消しているの。

『兼愛』、ひろく愛する心と『非攻』、戦争を非難する心の教えを持っていたのです。

私は、出雲の国譲り、そしてニギハヤヒの行動には、絶対、墨家の思想が入っていると思う。

それに、彼らは都市の技術者集団でもあり、武装防衛の集団でもあるの、私達が追ってきた『枌』を神木とし、劉邦を神とする集団にピッタリだと思わない？」

息子　「お母さんの黄巾の乱渡来説だと、邪馬台国との関係はどうなるの？その墨家と卑弥呼の宗教は？　巫女《みこ》だったわけでしょう。」

娘　「墨家は初期の道教だと言われているの。邪馬台国の卑弥呼は『鬼道』によって民衆の心をとらえていた、と『魏志』倭人伝に書かれていますが、この『鬼道』とは、黄巾の乱の時、後漢政府打倒を企てた宗教指導者が、この『鬼道』を使って民を導いたと『魏志』張魯伝に記述されているそうです。
それから、作家の黒岩重吾さんは、倭人伝の中に出てくる『一大率《いちだいそつ》』という役職を調べ、それが『墨子』の書物にも記述されていることを発見しています。」

息子　「フム、フム。枌の集団の輪郭が、はっきりして来た感じだね。後は、考古学的な裏付けができるか……いつ日本に来たか？　邪馬台国との関係、大王家との関係にポイントをしぼって、しめくくり入ったらどうでしょう。」

私　「ちょっと長くなりますが、みんなの意見を参考にして作りあげた、私のストーリーを話してみます。
中国江南地方に住んでいた劉邦を神とし、枌を神木とする集団は、一八四年に起きた『黄巾の乱』で、政府打倒のリーダーとなるも敗れ、江南地方と北九州を結ぶ海のルートに乗って、日本に渡ります。そして、昔から交流のあった耶馬溪付近に住み付く……彼等は墨家のリーダー鉅子《きょし》でもあり、技術者集団、武装防衛の集団だった……ね。特に新しい製鉄技術で当時の倭国を席巻《せっけん》したと考えます。しかし、戦い

娘　を非難する心の教えとはウラハラに倭国は戦乱の真っ只中。せっかく平和を求めてやって来たのにと、苦悶する姿が目に浮かびます。その頃、倭国は多くの小国に分かれていました。その国々に自分達の技術、特に製鉄技術を伝授するのと、ひきかえに『兼愛と非攻』の思想を説き、鬼道を布教して回った……そして、粉の名の土地が痕跡として残されているのです。」

私　「卑弥呼が魏の明帝に使者を送ったのが、二三九年だから、黄巾の乱から五十五年たっているわね。」

娘　「五十年あまりの時を使って、彼等は倭国を和平に導き、鬼道のスター卑弥呼を立てて女王にした。渡って来た当初は『季の国』と名乗っていたが、邪馬台国に編入し、政治的な実権を握ることにしたのです。」

私　「しかし、その後、狗奴国が逆らって紛争になり、二四七年には魏に助けを求めています。」

娘　「はい。世の中、思い通りにはいきません（笑）現代のアメリカを見ても、和平の為と武器を輸出したり後進国に与えたりしたことが、後に自分の国を危うくすることになります。

娘　「枌・楡」の集団も、先進軍事技術を売り渡すことで、狗奴国というやっかいなライバルを作ってしまったのではないでしょうか？」

「そして、二四八年に卑弥呼が死去。その後、男王が立てられるが人々はこれに服さず、内乱になって千余人が死んだ。とあります。

その後、親族の台与《とよ》を王にして争乱が治まるわけです。二六六年に晋へ使者を送ったのはこの台与らしい。中国との交信は、ここでぷっつり途切れてしまいます。

四一三年に東晋に朝貢したという記事が出来るまで、一四七年の間が空白なんです。」

私　「そうなの、だから、この時代のことは、何を言ってもいいわけです（笑）
そこで、私の物語の続きですが、製鉄技術と鬼道の布教をして回るリーダー達は、出雲、吉備、紀伊、纒向《まきむく》などに根をはって着々と実権を握っていった。九州での争いを好まぬ集団は、専守防衛を行いながら、仲間の住む畿内へと移住して行くのです。
四世紀初頭、三輪山麓に王国を作りあげ、これがヤマト王権へと成長していく。
ミマキイリビコイニエという和風諡《し》号を持つ、崇神《すじん》王朝の初代王は、ミマキ（御真木）という神樹を表す名を持ち、ヒコ（日子＝劉季）の名も入っています。この王を立てて、統一国家へ歩み始めた……。この部分は須恵器《すえき》は季器《すえき》であるという、あなたの話をヒントにしました。」

娘　「須恵器が畿内にもたらされた年代が、もっとはっきりするといいんだけど。今の所、四世紀後半と言われています。」

私　「新たな発掘を待ちましょう（笑）」

娘　「ところで、お父さん。さっきからウンウンうなってばかりだけど、ご意見番としては？」

夫　「ウーン！参りました。お母さんのストーリーでいくと、天孫降臨も、邪馬台国も、出雲も、ヤマト政権まで、スムーズに説明がつくね。

崇神は、ハツクニシラススメラミコトとも称されている。神武も同じハツクニシラススメラミコト。神武東征説話と枌の地の重なりも矛盾しない。

三輪山の神々はすべてスサノヲ系であり、日本書紀の三輪山伝説に出てくる大物主は『櫛箱《くしばこ》』に入っていた蛇だったんだ。櫛は季。蛇も劉邦を暗示していることが、われわれの調べでわかっています。」

息子「天下を取っても劉邦のことを隠したのはなぜかね。」

夫「中国の属国になりたくないと言う強い意志と先祖を敬う気持ちで揺れたろうね。でも新しい国、平和な国を創ろうという志が、そうさせたんだろう。特に、日本書紀は、中国に向けて、日本という国の独自性を訴える書物だったから、中国からの影響は極力避けたかったんだよ。」

私「しかし、民衆の間には神木、枌の信仰、劉邦への尊敬が根強くあったので、枌を杉に変え、劉邦はスサノヲ、牛頭天王にすり変えて大切に祀《まつ》ったのだと思います。」

娘「この話は、もっと深くもっと拡がりそうだけど、お母さんは、このへんの所で、本文にまとめてみたらどうでしょう。まずは、スサノヲは劉邦であったという説を世に問うてみる！その後、もう何冊か書けそうよ。私は『荒神様《こうじん》』も『高祖』じゃないかと思うし、東北に根強くあるアラハバキ神も、高祖劉邦だと確信しています。その内、私も本にします（笑）」

息子「えーっと、あの前方後円墳ってあるでしょう？あれ高祖の顔じゃないかなぁ」

夫「えっ！そんなことは今まで誰も言ってないよ。天を祀る円形と地を祀る方形という説は聞いたことあるけど……顔？」

息子　「劉邦は、竹の皮の冠をかぶっていたという伝説があったでしょう。方形部がその冠で円形部が顔。

この巨大なシンボルマークを墓にして、劉邦の末裔であるという共同体意識を再確認したという説は？」

娘　「それも、けっこういい線をいってるかも知れないわ。前方後円墳は、四世紀初頭に忽然と巨大な姿で美輪山山麓に現れたんです。枌楡の集団がシンボルマークをデザインしたとすれば……おもしろい。それも次の本で追求してみましょう。」

夫　「うん。まだまだ世に問うてみたいものがいっぱいあるよ。吉備真備という人も調べてみたい。例の牛頭天王を紹介した人でもあり、遣唐使の留学生にもなって中国へ二回も行ってるんだ。向こうで劉邦と牛頭天王の関係を知ったのかも知れないと思うんです。

で、その吉備をモデルにした吉備大臣物語絵巻というのがあって、その中の『野馬台詩』に日本のことを『東海姫氏の国』と出てくるんです。古代、キの国、季の国だったことを彼は熟知していたんじゃないか？もっと調べてみたいね。」

それから『豊臣秀吉』幼名を日吉と言い、豊を名乗り、執拗に中国へ攻め登ろうとした姿から、何か知っていたんじゃないか?とね」

私

「はい。私は、身の丈にあった本をまず書いてみます。あまり拡げないで正確な所をね。

でも、この家族探偵会議のおかげで、自分のおぼろげだったイメージがくっきりと像をむすんで行きました。みんなに感謝します。」

家族探偵会議エピロオグ

縁故者だけに配る自家製本にでも…と、始めたのですが、「スサノヲは劉邦だった」という発見に至り、こうして本が完成し、世に問うてみることになりました。

弥生時代に日本へ渡って来た枌を神木とする、あの人々が「そろそろ本当のことを知らせる時が来た。」と後押ししてくれたように思えてなりません。

「劉邦＝スサノヲ＝牛頭天王」という式を、ぜひ皆様に考証をお願い致します。

さて、この探偵会議が本に載るというので、これだけは言っておきたいと家族探偵それそれが申しております。


夫「劉邦＝リュウジィ＝日子という等式から、〇〇ヒコという人物は、すべて劉邦を神と敬う人達だったのではないか？応神から和風諡号《わふうしごう》がヒコで無くなるのは、王朝の交替があったのでは？と考えます。

また、劉邦がなぜスサノヲという名になったか？これはアラハバキ神を調べていて発見したのだが、高祖をカムフラージュするために荒粗神《こうそじん》というのが東北にあった。この荒がスサという日本語読みになってスサノ王、スサノヲになったと思われます。

もう一つは、劉邦は沛公と呼ばれていた、この沛という字は、激しいとか恐いという意味を持つ。例えば『沛然』というのは、雨が激しく降ることを言い、したがって、沛公＝激しい王＝荒々しい神＝スサノヲとなったという説はどうでしょうか？」


息子「前方後円墳は劉邦の顔と冠をデザインしたシンボルマークであると推測したけれど、そこに埋葬されている人体はほとんどが北向きに頭を置いているということもわかりました。北向きと劉邦は切っても切れないつながりがあったはずです。

それから、『劉邦＝リュウジィ＝日子《ひこ》』ならば、ヒと読ませる古代の地名、人名などは全て、劉邦を暗示しているのではないか？ヒの川、ヒエイ、ヒエ、ヒルコ、そこにはいつもスサノヲがいる。

娘　最後に、牛頭天王は、なぜ武塔神と呼ばれるか？『劉』の字をバラバラにしてみると、ム＋刀＋釗。ムトウシンと読める。」

「私は、伊勢神宮の心御柱《しんのみはしら》が、枌ではないかと考えます。正殿の床下に立てられる柱で、この儀式は深夜に行われ、誰も見ることが出来ません。この心御柱は、忌柱とも言うのですが、忌は中国語でジィです。劉季の柱なのではないでしょうか。

また、比叡山延暦寺の荒法師が、意にそわぬことがあると神輿《みこし》を担いで朝廷に強訴したと言われていますが、この神輿も、枌なのではないでしょうか？高祖劉邦の神木を見せつけることで朝廷に秘密のメッセージを伝えていたのではと思うのです。」

私　「私も、もうひとことだけ言いたくなりました。ずっと追い続けて来た、この枌をトーテムとする人々は、平和を求めて日本に来たのだということ。戦争を嫌ったということ。これがとても重要なところです。

この思想が、われわれ日本人の心に今も脈々と流れているのです。」

おわりに

地名の由来から神社を調べ、時代を掘り下げ、神話の世界へ踏み込むことで、自分の姓の起源を知り得ました。と共に、神話から概要のみで、解釈する難しさを知りましたが、わずかでも辻褄が合い、進められて行ける醍醐味を得る経験を致しました。二千年以上昔の中国の人物が、祭神として祀られていたこと、そして数多い神社の一グループとして、それらの神社は、大陸を渡って来た古代中国人の強い思いにより創出された、ということの発見に喜びを感じました。

それは、日本の文化が漢字から発し、今なお継続しているからこそ、多少の変化は見られても、発見解明が可能となったのです。これら地名・大字・小字・神社名が、カタカナ・平仮名・アルファベット・数字であったとすると、先祖の深い思いを受け取ることも、不可能で、とても到達地点には辿り着くことは出来なかったでしょう。

先人達は、何度も天変地異に遭遇して来ました。土地の形状もすっかり変貌し、その似つかわしい名前に変えられ、その土地に祀られてしまう。神の名の起源も忘れられる経験は、多くの地に見られた現象でした。そして時代の政変に惑わされても、なお且つ、現在各地には素朴に存在しています。

その神事、祭事に、何のことか、何の為か疑問を持ちつつも、継承されて来ている点において、祈る心の素朴で純粋な気持ちが大切であると、強く感銘を受けました。

ところで、遺跡の発掘のきっかけは、都市整備開発時に偶然発見されるのが多いそうです。地図上でも予想のつく場所もあるそうですが、今となっては大部分が住宅・道路・公共の建物等となり、新しい発掘は極めて難しいのです。この先、人口減少により、さらに消えてしまう集落が皮肉にも増えることは避けられませんが、地名は新しく改名されたり、合併合成化され、誰かが便利とする数字化の推進が現状なのです。よって、広域の特色さえつきとめるのは困難となり、残念ながら歴史的追及の壁となっているのです。

日本人の苗字の多さの特徴は、地名の多さに比例するのですから、大切にしなければなりません。かけがえのない民族遺産は後世に記録して残さなければならないのです。

樹木についても熟思すれば『一木・一草にも、神や仏の姿を見る』という、修験の根幹に共感します。双葉の小さな芽を育てていくうちに、花が咲き、実が成り、種を付け、再び土から生育する環境を整えることは、人生をどれ程、豊にするでしょう。そして先進国は、急速に滅亡へと突進、突入しているように思えます。自然環境を守ることが、どんなに重要であるかを思い知らされた今であるからこそ、目の前の富に、心を奪われてはならないのです。

空気を浄化する為の森林の管理を考え直して、伐採を行わない強い精神を持ちましょう。

「無闇な地名の改名を防ぐ」

「正しい漢字文化を継続する」

「自然環境を守る」

この、三つの願いは、鎮守の森の神社を守り、存続する為の重要な要素なのです。

文末になりましたが、本書を出版するにあたり、アドバイスを下さいました村田栄一先生と、社会評論社の松田様には、大変お世話になりました。厚く感謝を申し上げます。

参考文献

日本の古典・完訳43「平家物語」2　市古貞次訳　小学館
八幡宇佐宮御託宣集　重松明久　現代思潮新社
出雲国風土記　沖森卓也　佐藤信　矢嶋泉　山川出版社
出雲風土記の研究　1　秋鹿郡恵曇郷調査報告書　島根県古代文化センター
修訂駿河国新風土記　上巻　新庄道雄　国書刊行会
日本民族文化大系　1巻　小学館
日本の民族（三重）　堀田吉雄　第一法規出版株式会社
福井県史　福井県発行
本耶馬渓町史　大分県中津市本耶馬渓町発行
美里町史　通史編　埼玉県児玉郡美里町史編纂委員会　美里町発行
駿河記　上巻　桑原藤泰　非売品
安倍川　その風土と文化　富山昭　中村洋一郎　静岡新聞社
邪馬台国発見史　赤城毅彦　雄山閣
中国の古典18　詩経　上　可能善光　訳　学習研究会
新書漢文大系15．詩経　石川忠久　著　福本郁子　編　明治書院
詩経　白川静　中公新書
史書2　書・表　司馬遷　小竹文夫／山谷弘之　訳　ちくま学芸文庫

史書4　逆転の力学　司馬遷　小竹文夫／山谷弘之　訳　徳間書店
漢書2　表・志　上　班固　小竹武夫　訳　ちくま学芸文庫
項羽と劉邦　上巻　司馬遼太郎　新潮社
全国神社名鑑　全国神社名鑑刊行会発行　史学センター
日本神社史論攷　池邊彌　吉川弘文館
日本の神々「神社と聖地」　大和／関東／九州編　白水社
歴史読本「神社と神道の基礎知識」　三橋健　新人物往来社
静岡縣「神社志」　拓植清　静岡郷土研究協会
杉山神社考　戸倉英太郎　横浜市緑区郷土史研究会
鶴見神社「鶴見の田祭り復活史料」　鶴見田祭保存会　鶴見神社内
本願寺と山科ニ千年　山科本願寺・寺内町研究会　（株）法蔵館
比叡山延暦寺　今東光　淡交社
鑠神　前島長盛　日本学術文化社
日本神名辞典　神社新報社
神名の語源辞典　志賀剛　思文閣出版
日本の神様読み解き辞典　川口謙二　柏書房
牛頭天王と蘇民将来伝説　川村湊　作品社
日本古代史地名辞典　加藤謙吉／関和彦／遠山美都男／仁藤敦史／前之園亮一　雄山閣・創生社
古代地名大辞典（本編）　角川文化振興団
現代日本地名のよみかた大辞典　紀伊国屋書店

日本の地名伝承編　池田末則　平凡社
日本地名ルーツ辞典　丹羽基二／池田末利　創拓社
地名の由来を知る事典　武光誠　東京堂出版
千葉県白井の地名　白井市郷土資料館
金属と地名　谷川健一　三一書房
別冊歴史読本「地名を歩く」　土屋聡明／四国中世史研究会　新人物往来社
日本歴史地名大系「静岡県の地名」　平凡社
中国地名辞典　塩英哲　凌雲出版
日本植物方言集成　八坂書房
木の名の由来　深津正／小林義雄　東京書籍
木の語る中世　瀬田勝哉　朝日新聞社朝日選書
歴史読本「古代の木彫仏の展開」　鈴木嘉博　新人物往来社
ものと人間の文化史　37「経木」　田中信清　法政大学出版局
ものと人間の文化史　140「神饌」神と人との饗宴　岩井宏實／日和祐樹　法政大学出版局
ものと人間の文化史　149—1「杉」1　有岡利幸　法政大学出版社
植物の漢字の語源辞典　加納喜光　東京堂出版
苗字8万よみかた辞典　日本アソシエーツ編集部編
字訓　白川静　平凡社
大漢和辞典　巻六　諸橋轍次　大修館書店
新明解国語辞典　金田一京助／金田一春彦／見坊豪紀／紫田武／山田忠雄　三省堂

国土地理院地図
アトラスRD首都圏A４　アルプス社
街の達人便利情報地図　昭文社
道路地図県別マップル　昭文社
山西省地図　星球地図出版社編制出版

古代史探偵家族会議の参考文献

古代史の迷路を歩く　黒岩重吾　中央公論
卑弥呼、王権の秘密　黒岩重吾　角川書店
柳田國男全集13．・先祖の話　柳田國男　筑摩書房
中国の思想・第五・墨子　和田武司訳　徳間書店
日本書紀　上下　日本古典文学大系　岩波書店
古事記　次田真幸　講談社学術文庫
風土記　日本古典文学大系　岩波書店
八幡宇佐宮御託宣集　重松明久　現代思潮新社
大分の歴史　渡辺澄夫　大分合同新聞社

著者紹介

川原裕子（かわはら　ひろこ）

1949年　大分県に生まれる
1972年　玉川大学文学部芸術学科卒業
渋谷区千駄ヶ谷　日生建築設計事務所勤務
現在　千葉県松戸市在住

スサノヲと枌《へぎ》の謎解き

2012年 3 月17日　初版第 1 刷発行

著者――――――川原裕子
装幀――――――川原和歌子
発行人―――――松田健二
発行所―――――株式会社社会評論社
東京都文京区本郷 2－3－10
☎ 03（3814）3861　FAX 03（3818）2808
http://www.shahyo.com/
印刷・製本―――株式会社ミツワ

Printed in Japan